Vorbemerkung

Jeder Mensch ist ein Künstler, sagte Joseph Beuys. Warum soll der Satz nicht auch für den Verbrecher gelten? In Neapel, wo der Mann vom Niederrhein einige seiner größten Verehrer fand,[1] betrieb ich zwei Jahre lang ethnologische Feldforschung unter Angehörigen der lokalen Unterschicht. Viele von ihnen waren mit dem Gefängnis und jeder von ihnen mit der Camorra genannten neapolitanischen Mafia in Berührung gekommen. Camorristi, das waren für sie die in festen Verbrechergemeinden Organisierten, die Nachbarn, die stets gewannen, auch weil sie sich mit Kriminalität, Politik und Kirche verbinden konnten. Sie selbst verkauften Drogen, verhökerten Hehlerware, produzierten falsche Markenartikel. Oder sie unternahmen eine Strafexpedition in ein verfeindetes Stadtviertel, dabei konnte auch Blut fließen. Sie sahen sich höchstens als Handlanger der organisierten Kriminalität. Man hätte meine Informanten für gewöhnliche Kleinkriminelle, für den Plebs einer an vergangener Größe laborierenden Stadt halten können, wäre da nicht diese andere Seite hervorgetreten: Kunstvoll ließen sie ihre Körper mit Tätowierungen verzieren, sie errichteten Umzugswagen zu Ehren der Madonna, sie schliffen den lokalen Dialekt zum Medium von Kunstliedern, sie schrieben, obwohl halbe Analphabeten, Erzählungen und Gedichte. Es dauerte eine Weile, bis sie mir ihre Lebensbeichten, ihre Abbitten, ihre Romananfänge zeigten – die nicht immer grammatikalisch oder orthografisch korrekt verfasst waren. Inmitten fluider, um nicht zu sagen: höchst prekärer Lebensumstände gab es einen Ausdruckswillen, der auch (oder gerade) von Seiten der Angehörigen jener Unterschicht in Kunstwerke mündete. Einen Vorgeschmack davon gaben mir die in der Abenddämmerung stattfindenden Motorinifahrten über das uralte Straßenpflaster, bei dem besonders die vorbestrafte Jugend brillierte: Tanzen auf Rädern.

Vor dem Siegeszug der Massenmedien und einer alle sozialen Schichten potenziell verbindenden Kulturindustrie, vor hundert, vielleicht hundertfünfzig Jahren, hätte man damit gerechnet. Dass jede Klasse ihre – oft mit Festen und Feiern der Selbstdarstellung und -vergewisserung verbundene – Kultur besaß, war allgemein akzeptiert. Der austroenglische Historiker Eric Hobsbawm hat gezeigt, dass die Welt der Banditen uns zu großen Teilen aus den kulturellen Produkten einer marginalen Klasse überliefert ist. Dieser gehörten die Briganten an, aber sie waren natürlich nicht mit ihr identisch. In seinem mehrmals überarbeiteten Essay mit dem Titel *Primitive Rebels* präpariert der Historiker den Charakter und die Typologien der Gesetzesbrecher aus oraler Literatur, aus Legenden und Liedern. Er unterlässt indes die Frage, warum gerade von ihnen so viel gedichtet und gesungen wurde.[2] Hobsbawm geht es um Gesetzesbrecher, nicht um Verbrecher, und schon gar nicht interessiert ihn die Erfahrung erlittener und zugefügter Gewalt. Er behandelt diese Zeugnisse als produktives Imaginarium der unteren Stände. Der italienische Historiker Carlo Ginzburg, Heros der modernen Mikrogeschichte, hat ebenfalls moniert, dass populäre Kultur entweder als Niederschlag der (industrialisierten) Massenkultur oder als qualitativ abgesunkene Aneignung der Hochkultur verstanden werde, wodurch die Unterschichten nicht nur einmal, sondern zweimal zur Sprachlosigkeit verurteilt würden.[3] Könnte es dann nicht sein, dass gerade die Literatur der »malavitosi« einen Schlüssel zur populären Kultur bereithält, weil in ihr einige Elemente hervortreten, die andere Gruppen aus anderen Klassen sich vermutlich anzueignen verweigern?[4]

Ich will diese Vermutung an einem anderen Beispiel verdeutlichen: Auch die europäische Religion kennt eine klare Gliederung von oben nach unten. Oben, da sind die Klassen der Priester und Schriftgelehrten, der Geweihten und Experten.

Unten, da sind die vermeintlich minderbemittelten Empfänger, die Verstockten, diejenigen, denen man die komplizierte Mitteilung des Gottes erst einmal in möglichst einfachen Worten nahebringen muss. Dort unten neigt man zu Missverständnissen, weil immer wieder der Körper den Geist zurückhält, während oben der Körper ein schlichtes Vehikel geworden ist. Entsprechend werden oben auch die körperlichen Auswüchse der Religiosität – Selbstzüchtigungen, Fasten, sogar Pilgern – verlacht, weil sie ja ›in Wirklichkeit‹ symbolisch zu verstehen seien. Populäre Religiosität ist indes somatisch. Sie übersetzt Religion *in* den Körper, nicht vom Körper *fort* (und will ihn deshalb auch nicht im Geist auflösen). Dessen konnte ich mich während meiner Forschung in Neapel oder in Sant'Anastasia, im Heiligtum der Madonna dell'Arco, vergewissern, wo alljährlich nach Ostern eine große Menge aus Angehörigen der städtischen und ländlichen Unterschichten weinend, kreischend, auf Knien gehend oder mit dem Oberkörper über den Boden robbend ihre Devotion bezeugt. Die Penitenz wird hier zur Renitenz.[5] Die Obrigkeit, die Dominikanermönche und Priester, bemühen sich, die Bilder von jenem Ereignis zu kontrollieren und den Folkloretourismus möglichst fernzuhalten. Es scheint, als fürchteten sie darüber hinaus die Ansteckungskraft dieses Ereignisses. Nur mit größten Schwierigkeiten lässt sich die Expressivität dieser Menschen kommensurabel machen. Und dennoch ist sie ein wichtiger Schlüssel, um ihr Wertesystem zu verstehen.

Die Texte der Mafia, die Texte der Briganten – egal, ob niedergeschrieben oder mündlich überliefert – enthalten ein Moment populärer Kultur, das in dem Maße folklorisiert wird, wie es ›nach oben‹, in den Umkreis der besseren Klassen, durchgereicht wird.[6] Je anonymer die Überlieferungen sind, desto weniger ist das der Fall und desto widerständiger sind die Zeugnisse. Wo hingegen Autoren mit Eigennamen und Biografien auftreten, trifft man unweigerlich auf Konventionen und stereotypisierte Darstellungen der unteren Klassen. Die Aneignung derselben verrät wiederum eine Menge über das Selbstbild der Mafiosi, zumindest jener, die nach ihrer kriminellen Karriere, die meist im Unsichtbaren stattfand, nun die Ankunft in der bürgerlichen Welt (oder in einem Phantasma der bürgerlichen Welt) suchen. Auf der anderen Seite wird man auch hier auf die Entfremdung und Aneignung einer Idee von bürgerlicher Welt stoßen, die zu denken geben sollte. Der Versuch, mafiöse und bürgerliche Welt aufeinander zu beziehen, der fast alle solche von Autoren gezeichneten Texte charakterisiert, ist jedenfalls für das Verständnis der ideologischen Formen der Mafia durchaus bezeichnend. Aber er kommt – historisch ebenso wie individualgeschichtlich – häufig sehr spät: nach dem Höhepunkt der kriminellen Karriere und in der zweiten Hälfte des 20. Jahrhunderts.

Die nachfolgenden Ausführungen sind ein Versuch, die kulturelle, zumal die literarische Produktion der Mafia und ihr Nahestehender zu verstehen. Daraus erhellt nur ein kleiner Teil die Mafia, aber möglicherweise ein wesentlicher: weil er nämlich mögliche Komplizenschaft und damit auch uns betrifft.

1. Geschichten vom Anfang

Wenn die Mafiaforschung in einem Punkt übereinstimmt, so in der Einsicht, dass über die Ursprünge ihres Gegenstandes mehr als nur Unsicherheit herrscht. Der sizilianische Schriftsteller Leonardo Sciascia (1921–1989) hat in seinem kurzen Text »La Mafia e la letteratura« darauf hingewiesen, dass die Unbestimmbarkeit dieses Anfangs dazu führe, dass man sich ein Ende der Mafia nicht vorstellen könne.[7] Die Mafia wird zu einer Metapher für die Conditio humana in schwierigen oder auch bloß klientelistischen Umständen.

Allerdings könnte man auch erwägen, dass die Ursprünge der Mafia vor allem inszeniert werden, sprachlich und literarisch, um sie dann in die Tat umzusetzen oder in den durch Fiktion freigeräumten Bereich einzutreten. Die Mafia stellte, so gesehen, eine Erfindung dar, einen Mythos, der anschließend seine Wahrheit behauptet. Ethnologen haben jüngst von *Mafiacraft* gesprochen, von einer Art Fluidum, einer dunklen, sozial durch Gerüchte, Halbwahrheiten, Erzählungen präsenten Stimmung, in der und durch die die Mafia operiere.[8] Aber was, wenn die *Mafiacraft* der Anfang ist, der Anfang der Mafia, der erscheint, als wäre er der Anfang von allem? Was, wenn am Anfang die große Erzählung steht, deren Eigenschaften wir erst verstehen müssen, bevor wir über die sich aus ihr ernährenden Körperschaften wirklich nachdenken können? Die folgende Darstellung versucht dieses Fluidum, diese Stimmung der Mafia zu historisieren.

Probieren wir es mit den drei großen italienischen Mafien: der sizilianischen, die ihren Ursprung in Palermo hat, bevor sie von Corleone aus als Cosa Nostra geleitet wird; der kalabresischen 'Ndrangheta, die bis heute die wenigsten »pentiti« genannten Reumütigen zulässt und als ebenso undurchdringlich wie wirtschaftlich erfolgreich gilt; und schließlich mit der Camorra in Neapel und Kampanien.

Die unermüdlichen Sizilienethnologen Jane und Peter T. Schneider berichten, die Stadtbevölkerung Palermos sei in den 1960er-Jahren angesichts von Umbauarbeiten überzeugt gewesen, die Tunnel und Verliese einer mittelalterlichen Geheimgesellschaft, der Beati Paoli, entdeckt zu haben.[9] Deren Geschichte erzählte ein 1909/10 erschienener Fortsetzungsroman eines angeblich englischen Autors namens William Galt, von dem behauptet wurde, er habe sich lange mit der sizilianischen Vergangenheit befasst. Dass hinter dem Pseudonym der Geschichtslehrer Luigi Natoli steckte, der das gewaltige, Jahre darauf von Tomasi di Lampedusas in *Il Gattopardo* episch aufbereitete Thema der sizilianischen Transformation auf eigene Weise behandelte, zeigte sich später.

Palermo verwandelte sich nach der Einigung Italiens von einer feudalen in eine mehr oder weniger bürgerliche Gesellschaft, unter Beibehaltung der sozialen Hierarchien: Denn damit für die Eliten alles so bleiben konnte, wie es war, musste sich alles ändern (frei nach di Lampedusa). Die Geschichten der Beati Paoli erzählen von einer im Geheimen operierenden Gruppe, deren Mitglieder die gerechte, das heißt feudale Ordnung verteidigten, bei der verlorene Ehre wiederhergestellt und den Armen die Mittel zum Überleben gegeben werden. Umberto Eco widmete diesem Fortsetzungsroman eine ganze Studie. Davon ausgehend kann man nachzeichnen, wie die Beati Paoli auf dem süditalienischen Opferbewusstsein ebenso wie auf dem Gelegenheitscharakter des sich gerade ausbildenden großstädtischen Lebens in Palermo beruhen, auf traditionellen Legitimitätsverständnissen ebenso wie auf nationalstaatlichen Interventionen. Sie machen darauf aufmerksam, dass nur die geheime Existenz im sozialen und ständischen Umbruch übergreifend legitimiert ist – was nicht bedeutet, dass die Klassen abgeschafft würden, sondern dass sie sich neu konstituieren –, eben weil sie der Gesellschaft keine politische Tendenz vorgeben kann. Nur im Verborgenen lässt sich Kontinuität wahren.

In diesem Sinn greifen die *Beati Paoli* auf bewährte Erzählmuster zurück: vor allem auf das *Rolandslied* und die *Chansons de geste*, die auf Sizilien noch heute mit Marionetten in eigens dafür bestimmten Theatern gespielt werden. Daneben spielt das moderne Medium der Zeitung eine große Rolle (die *Beati Paoli* erscheinen zunächst als Fortsetzungsromane), um zwischen Fakten und Fiktionen zu vermitteln. Insofern haben die *Beati Paoli* gegenüber dem modernen Nationalstaat einen Kompromiss skizziert. Die Herkünfte dieses Palermitaner Mythos reichen indes tiefer. Eine erste romanhafte Fassung des Stoffes von Vincenzo Linares datiert auf das Jahr 1836, und 1889 bringt sie der in Palermo ansässige Folkloreforscher Giuseppe Pitrè explizit mit der lokalen Mafia (von ihm nur »associazione a delinquere«, kriminelle Vereinigung, genannt) in Verbindung.[10] Im Jahr 2003 aber, in einem der großen Mafiaprozesse, berufen sich Mitglieder der Cosa Nostra auf die Herkunft ihrer Vereinigung aus jener – laut Roman – ehrenhaften Gesellschaft.

Die sizilianischen Mafiosi heben sich in dieser Hinsicht kaum von ihren kalabresischen Kollegen ab. Die Ndranghetisti berufen sich – laut einem 1897 erstmals aufgedeckten Statut – auf drei spanische Soldaten namens Osso, Mastrosso und Carcagnosso, die zur Zeit der aragonesischen Herrschaft über Süditalien auf die Insel Favignana verbannt gewesen sein sollen.[11] Sie rächten die Schändung einer jungen Frau und wurden so quasi zu Schutzheiligen einer von den Herrschenden weitgehend vergessenen Bevölkerung. Die Überlieferung der Ursprungslegende erfolgte indes weitgehend mündlich, und wie jüngere Videoaufnahmen beweisen,[12] sind die Namen und ihre Geschichte immer noch Teil des Einweihungsritus neuer »affiliati«. Eine kulturelle Identität wurde hier gleichsam über die Spiegelung im Fremden hergestellt: Die 'Ndrangheta erscheint damit als ein von außen herangetragener Bund – die drei spanischen Soldaten –, aber auch als Verpflichtung, erwachsen aus der Ehrerbietung gegenüber Fremden.

Es gibt historische Studien, die erklären, die kalabresische Organisation könne tatsächlich auf eine Verschmelzung zweier ganz unterschiedlicher Traditionen zurückgehen, waren es doch vor allem norditalienische Freimaurer, die nach der italienischen Vereinigung zur Strafe entweder in die entlegenen Berglandschaften des Südens geschickt wurden, wo sie auf eine meist illiterate Hirten- und Bergbauerngesellschaft trafen oder gleich in die dortigen Gefängnisse eingeliefert wurden. Von der Legende bis hin zur Initiationszeremonie lassen sich tatsächlich freimaurerisch anmutende Motive finden, die womöglich von der lokalen Gesellschaft angeeignet und überformt wurden (etwa das Motiv der verlorenen Ehre). Das unter Ndranghetisti geltende Verbot, die Legende aufzuschreiben, mag in der Folge für einen besonders authentisch anmutenden Ritus verantwortlich sein, aber auch für die Aufgabenteilung innerhalb der Organisation, für die starken Hierarchien, für die Resistenz gegenüber der Außenwelt. Durch die in den Aufnahmezeremonien erfolgende (rituelle) Identifikation mit der Gegenseite der eigenen, kalabresischen Geschichte zeichnet sich die 'Ndrangheta eben nicht nur als Geheimbund, sondern auch als Wissensgemeinschaft aus: Man weiß (um) sein Anderes, man ist es, man kann dessen Kraft in die eigene soziale Form überführen.

Diese rituelle Identifikation lässt eine gegenüber Kolonialmächten auf der ganzen Welt angewandte Strategie erkennen. Selbst die Chuzpe, mit der einige Teilnehmer des Ritus, als dessen Videoaufnahmen im Gericht vorgespielt wurden, behaupteten, einer regionalspezifischen Folklorevereinigung anzugehören und entsprechend das Mafioso-Werden nur zu spielen, verdankt sich der zur Gewohnheit gewordenen fremden Sicht auf das Eigene.

Die neapolitanische Camorra wartet demgegenüber mit manchen Eigentümlichkeiten auf. Sie verfügt über kein Gründungsstatut; der Zusammenhang von Liminalität, Geheimnis und Macht scheint sich auf den ersten Blick für die kampanische Camorra nicht nahezulegen. Hier springen auch weder mündliche Überlieferungen, in Ritualen genutzte »Codici« wie in Kalabrien oder Texte ins Auge, die sich auf die Konstituierung einer über dem Gesetz stehenden Gruppe beziehen ließen. Möglicherweise hat das auch zu ihrer im Gegensatz zu den anderen eher flachen, aber ausgreifenden Organisationsform beigetragen (oder ist deren Effekt). Mafiöse Berufe werden kaum vererbt, es entstehen aber Gruppen von Brüdern oder Cousins, die sich zusammenschließen. Bedeutet das, dass man ihrer Literatur eine nachrangigere Behandlung angedeihen lassen muss? Die Selbstrepräsentation der Camorra beziehungsweise der von ihr betroffenen und beeinflussten Gesellschaft kennt eben nicht den exzentrischen Rückzug ins Andere der Gesellschaft, auch sind keine verbindlichen Aufnahmerituale überliefert. Vielmehr begegnet man einem Verfallsnarrativ, das man von einer Zeit der größeren sozialen Sichtbarkeit (der »Guappi«, die sowohl Züge von Politikern als auch von »social bandits« im Hobsbawm'schen Sinn tragen) zu dem einer Fragmentierung und relativen Unsichtbarkeit voranschreiten sieht.

Literarisch vorbildhaft wirkte hier möglicherweise Alexandre Dumas, der nach seinem Roman über Robin Hood den Camorristi und Briganten eine historisch-soziologische Abhandlung im Auftrag des jungen italienischen Innenministeriums widmete: »Das Wort ›Camorra‹ hat seine Bedeutung im Laufe der Zeiten geändert«, heißt es in dem 1861 geschriebenen Text, »und ›Camorrist‹ wurden nicht nur die Eingeschworenen genannt, sondern eigentlich alle, die ihren Gewinn aus Spielhöllen, Prostitution und ähnlichen Sektoren und Geschäften ziehen. Von dieser Lepra sind ganz Neapel und die umgebenden Provinzen befallen.«[13] Dumas grenzt diese Profiteure der »Miseria« scharf von den Briganten ab, die er als großzügige Garanten der Armen ihres Territoriums vorstellt. Die von der Mafia, aber auch von Kleinkriminellen gern vorgetragene Verfallsgeschichte von einem legitimen Protest gegen die feudale Ausbeutung zur amoralischen Ausnutzung noch der schmerzhaftesten Versuche, irgendwie am Leben teilzuhaben, ist schließlich in seinem Buch angelegt und bleibt bis heute der Stachel in allen Versuchen nicht bloß der Camorristi, sondern sämtlicher Mafiosi, sich als »Volksfreunde« aufzuspielen.

2. Im Herz der Finsternis: Polsi

»In Süditalien ist man Brigant wie man Maurer ist. Der Brigant hat sein Haus, in das er im Winter zurückkehrt; er hat seine Familie, seine Freunde, seinen Beichtvater«, schrieb Alexandre Dumas in seinem Bericht.[14] Der junge italienische Staat sah diese gewohnheitsmäßige Gesetzesfeindschaft indes als ein Übel an, das der Herausbildung einer Nation – »Wir haben Italien, jetzt gilt es, die Italiener zu schaffen«[15] – noch entgegenstand. Und nicht nur das: Die Briganten, hieß es, seien von den Bourbonen, die im ehemaligen Königreich der beiden Sizilien regiert hatten, mit Sabotageakten und Überfällen beauftragt worden, noch dazu mit dem Segen des Papstes.[16] Diese Verbindung aus süditalienischer, im agrarischen Umfeld gewachsener Renitenz, abgewirtschafteter Feudalherrschaft und Klerikalismus sollte fortan das Bild nicht nur des Banditen, sondern ebenso des Mafioso prägen. Die Verfestigung dieses Bildes begünstigte die Exzesse der Truppen des neuen sabaudischen Königreichs gegenüber der Zivilbevölkerung. Der sogenannte Feldzug gegen das Brigantentum bekam in der von Cesare Lombroso

(1835–1909) begründeten Kriminalanthropologie gleichsam seine Rechtfertigung nachgereicht. Lombroso glaubte bald, geborene Banditen und Verbrecher an einer Eigentümlichkeit ihres Schädels identifizieren zu können.[17] Zu diesem Zweck brachte er, der als Truppenarzt nach Kalabrien geschickt worden war, Schädel von getöteten Süditalienern heim und untersuchte deren Frontallappen – das Museo di Antropologia Criminale Cesare Lombroso in Turin legt davon bis heute ein ebenso beredtes wie makabres Zeugnis ab. Und um die Rückgabe der sterblichen Überreste des Briganten Villella an seine kalabrische Gemeinde schwelt der Streit noch immer.[18]

Es waren diese Mischung aus ›Othering‹, Feinderklärung und schlichter Vernachlässigung sowie der Umstand, dass ein Aufenthalt im Süden als Strafe angesehen wurde – sowohl im Königreich Italien als auch später unter dem Faschismus –, die die Kalabresen darin bestärkten, sich als Volk sui generis, gar als Nation zu fühlen. Zudem wurde eine Stimmung befördert, in der man eher auf ferne Abkünfte als auf Zugehörigkeit zum italienischen Staat spekulierte. Seien es die hellenischen Kolonisatoren zu Zeiten der Magna Graecia oder christliche Mönche aus Armenien – die Vermutung, dass unter den schlecht dokumentierten, oftmals verfallenen Hinterlassenschaften ihrer Landschaft zahlreiche illustre Fremdbezüge auftauchen, würde man nur ordentlich nach ihnen suchen, eint die Bewohner bis heute und lässt sie aus norditalienischer Sicht bisweilen kauzig wirken.[19] Geografische und historische Randlage bestärken sich gegenseitig und formen zumindest einen Rückzugsraum, wo mündliche Überlieferung und Präsenz oder Absenz der Sprecher die Motive sind, um die sich soziale Herrschaft organisiert. Dass sich in der Auseinandersetzung mit Briganten und solchen, die sich als ihre Nachfahren präsentieren, weniger entrüstete Ablehnung denn »kulturelle Intimität«[20] herstellt, verwundert entsprechend wenig.

Diese Intimität stellt sich wie ein Panzer stets aufs Neue auf, wenn rituelle Praktiken der Kalabresen in den Fokus der Öffentlichkeit geraten, dort kritisiert oder gar verfemt werden. Das geschieht regelmäßig anlässlich von Prozessionsfeiern, bei denen Marien- und Heiligenfiguren durch die Straßen kleiner Ortschaften getragen werden, um auch vor den Behausungen bekannter Ndranghetisti oder deren Familien den »inchino« zu vollführen, die als »Verbeugung« verstandene Absetzung von ihrem Podest auf das zu segnende Irdische. Alljährlich präsentiert das staatliche italienische Fernsehen derartige Szenen, meist im Frühjahr oder im Herbst.[21] Diese mittleren Jahreszeiten sind ohnehin die der religiösen Feste: Hier vollzieht sich die Erneuerung des agrarischen Jahreszyklus oder auch der Dank für die eingebrachte Ernte. Zu diesen Anlässen werden die geistlichen Patrone (etwa die Schutzheiligen, die vor allem auf die natürliche Umgebung einwirken sollen) in Beziehung gebracht mit den sozialen Patronen (die für die Verteilung der Ressourcen, für das mit ihnen gelingende Leben zuständig sind). Die dabei bedachten Familien jener Ndranghetisti, die sich selbst häufig auf der Flucht oder im Gefängnis befinden, nehmen oft schon aus anderen Gründen eine herausgehobene Stellung in ihrer Gemeinde ein. Der bildlich manifeste Zusammenhang von Kirche und Verbrechen bestätigt nicht nur bei norditalienischen Zuschauern Reflexe gegenüber einer mafiösen Welt, die in diesem Moment ganz ähnlich wie bei den Kalabresen als Fortsetzung des alten Banditismus wahrgenommen wird, da in ihr das Verbrechen quasi normalisiert sei. In dieser Abneigung bestätigen beide Seiten die *longue durée* ihrer Stereotype.

Zur kulturellen Intimität gehören intime Orte. Sie wird dort geradezu ins Werk gesetzt. Für Kalabrien sind diese in der Bergregion der italienischen Stiefelspitze zu finden, im Aspromonte, die auf Griechisch die weißen, auf Italienisch die bitteren Berge heißen. Beides trifft gleichermaßen zu. Zum einen, weil diese ab Spätsommer kahlen Berge, von deren Höhen man das Meer glänzen sieht, oft magisch anmutende Formationen annehmen, die unweigerlich an eine Mondlandschaft denken lassen, zum anderen, weil das Hirtenleben hier so karg gewesen sein muss, wie es heute aufgrund der grassierenden Vermüllung unwirtlich ist. Der Aspromonte ist auch eine Ansammlung von »discariche« genannten Müllhalden; sie tun sich hinter jedem höher gelegenen Ort auf und verstopfen im Frühjahr die Betten der in die Ebene fließenden Gebirgsbäche, sie bestehen aus Asbest, aus Giftmüll, kurz aus dem, was die Leute und ihr soziales Leben krank macht. Dennoch gibt es in dieser magischen Landschaft am Rande Europas auch heimelige Orte, Quellen, verwunschene Kirchen. Sie liegen nicht auf dem Berg, sondern in den Tälern, dort, wo es grün ist und Gewässer fließen.

Ein solcher Ort ist Polsi. Wie eine Oase bettet sich das kleine Klosteranwesen in eine breite Senke, erreichbar nur über eine schlecht asphaltierte Straße, die nach den Regenfällen im Spätsommer häufig unpassierbar ist. Die innen barock geschmückte, äußerlich schlichte Hauptkirche der Madonna della Montagna ist eher klein, sie beherbergt eine wundertätige Marienstatue, um die sich zwei Feste im Jahr zentrieren. Offiziell weiß man über deren Ursprung – wahrscheinlich sizilianisch oder neapolitanisch – genauso wenig wie über die Herkunft eines eisernen Kreuzes, das ein Wanderhirte als Erster entdeckt haben soll. Der Hirte hatte seinen entlaufenen Stier gesucht und ihn andächtig das von ihm selbst ausgegrabene Kreuz betrachten sehen. Menschen und Tiere sind nicht nur in dieser Legende näher beieinander, als man gemeinhin meint; in vielen kalabresischen Erzählungen erleben die Tiere eine Humanisierung durch das Heilige, das sie zugleich dem Machtbezirk der Menschen entrückt, selbst wenn diese es sind, die offiziell über sie verfügen. Andererseits mag man darin Züge jenes von Carlo Ginzburg behaupteten eurasischen Protoschamanismus sehen, der sich an den Rändern der großen Reiche oder an den Orten des fortgesetzten Zusammenbruchs von Imperien besser erhielt als anderswo.

Die Bedeutung Polsis wird noch klarer, wenn man die steinernen Häuser abschreitet, die traditionell den umliegenden Gemeinden als Pilgerherbergen zugeordnet waren. Sie scheinen die Ortschaften rund um den Aspromonte am tiefsten Punkt desselben zu repräsentieren, als schlüge hier sein Herz. Neben der Kirche wuchs zudem ein prächtiger Kastanienbaum, der bereits um das Jahr 1200 von Mönchen des hl. Basilius gepflanzt worden sein soll. Innen ausgehöhlt, diente er manchen Pilgern als Schlafstätte. Bis vor wenigen Jahren spielte sich hier an Festtagen (vor allem am 1. und 2. September) während und nach der Messe die »tarantella« ab, ein traditioneller süditalienischer Tanz, dessen ausfallende Bewegungen angeblich einen Spinnenbiss therapeutisch ausagieren sollten.[22] Zu Füßen des Baumes wuchsen die geleerten Bierflaschen der Billigmarke Dreher. Auf den umliegenden Wiesen entspannte man sich und aß mit Plastikbesteck die mitgebrachte Peperonata. Zugleich aber galt die Kastanie als der Baum des Lebens, unter dem sich die Vertreter der verschiedenen 'Ndrine, der nach Familien und Ortschaften unterschiedenen Clans der 'Ndrangheta, versammelten. Überhaupt, so hieß es, pflegte man das Fest der Madonna von Polsi vor allem, um im Schatten eines religiösen Feiertages Abmachungen unter Verbrechern zu treffen. Zu diesem Zweck diente das Innere des Kastanienstamms zuletzt der polizeilichen Überwachungstechnik als Unterschlupf – bis im Herbst 2019 der Baum auf Beschluss des örtlichen Kommissars gefällt wurde.

Wenn Polsi ein Zentrum darstellt, an dem religiöse, regionale und mafiöse Identitäten sich gegenseitig bestärken und insbesondere letztere sich als respektabel ausweisen kann – als gottesfürchtig, als quasidemokratisch, als verankert im Lebenszyklus der Bevölkerung, alles Eigenschaften, die eher den »social bandits« als den vordringlich am eigenen Gewinn interessierten Mafiosi zugesprochen werden –, so liegt das auch an seiner Abseitigkeit, an den Opfern, die man bringen muss, um dorthin zu gelangen, an der völligen Immersion in eine weitgehend vortechnische Welt, der sich jeder an Ort und Stelle anheimgibt.

Mobiltelefone haben hier keinen oder allenfalls nur mit Verstärker Empfang, alte Kommunikationstechniken erweisen sich als überlegen: Tanz, Gesang, Flüstern. Und natürlich in die Welt gesetzte Gerüchte, die man nicht nur im Schatten des Kastanienbaums reflektiert.

Je moderner die Welt außen wurde, desto archaischer wurde Polsi. Damit war es gewissermaßen das Gegenstück zur globalisierten 'Ndrangheta selbst, und es ist nicht auszuschließen, dass es dadurch auch seine Autorität gegenüber der Verbrecherorganisation behielt. Diese Dialektik lässt sich an Padre Giuseppe Strangiò, dem für das Marienheiligtum zuständigen Priester, aufzeigen. Dieser war viele Jahre Hauptpfarrer von San Luca, jener Gemeinde, zu der Polsi gemeinderechtlich gehört. Sie liegt gut drei Stunden Fußweg in Richtung Küste. San Luca gilt außerdem als Knotenpunkt der 'Ndrangheta, fast alle namhaften Familien stammen von dort.[23]

Als 2007 in Duisburg vermutlich im Anschluss an einen Aufnahmeritus Mitglieder einer 'Ndrina erschossen wurden und Deutschland sich schlagartig der Präsenz der kalabresischen Organisation bewusst wurde – bewusster jedenfalls als nach den Untersuchungen zum Immobilienhandel in den restaurierten Städten Mitteldeutschlands kurz nach der deutschen Vereinigung –, führten sämtliche Spuren nach San Luca.[24] Bald darauf wurde die Ortskirche von San Luca renoviert und die »famiglie storiche«, die in die Morde von Duisburg verwickelt waren, spendeten für die Statute der Addolorata, der Schmerzensreichen, für die Dekoration der Apsis, auf der man die Passion Christi als Schlachtung junger Menschen anschauen kann – ganz so, als wollten hier einige Familien Abbitte leisten für eine Tat, die Padre Strangiò in einem Interview als »Verhinderung eines Weltkriegs« bezeichnet hat. Diente die Renovierung der Kirche nun etwa der Verhinderung eines ins Ausland getragenen Dorfkrieges? Genau wird man es nie wissen.

Genau weiß man lediglich, dass das geduckte, heruntergekommene San Luca das genealogische Herz der 'Ndrangheta ist, dass hier offiziell fast niemand Arbeit hat, der Regionalbus nur zweimal täglich vorbeischaut und die Gemeinde seit Jahren kommissarisch verwaltet wird, weil man fürchtet, die 'Ndrangheta würde sich nach Wahlen auch offiziell selbst regieren. Entsprechend sind alle Zuschüsse ausgetrocknet, kulturelles Leben gibt es nicht. Dabei ist San Luca der Geburtsort des wichtigsten modernen Schriftstellers, den Kalabrien hervorgebracht hat. Corrado Alvaro (1895–1956) ist in Italien bekannt als Verfasser des dystopischen Romans *L'uomo è forte* (1938), der auch als Vorläufer von George Orwells *1984* gelesen wird. Antifaschist und Fortschrittsskeptiker, hat er sowohl die industrielle Transformation Italiens als auch der Sowjetunion reflektiert. In seiner Erzählsammlung *Gente in Aspromonte* von 1931 hingegen lieh er der Gottverlassenheit, der Grausamkeit, aber auch dem Ewigkeitsbewusstsein, mit dem Bewohner seiner Herkunftsregion ihre Lebensbedingungen annahmen, eine Stimme. Die Hauptkirche von San Luca ist heute wie der Lebensbaum von Polsi von Bierflaschen gesäumt – aber eben nicht nur am Festabend. Dahinter ergießt sich eine Müllhalde. Und dann sieht man noch den nach dem Vorbild amerikanischer Mafiafilme errichteten Rohbau einer Behausung, deren Protzigkeit heraussticht. Die Alten, die »uomini d'onore«, haben einem Jüngeren wohl gerade noch rechtzeitig mitgeteilt, er müsse sich mit Triumphgehabe zurückhalten.

Hätte man in den letzten Jahren Padre Strangiò besuchen und um seine Meinung fragen wollen, hätte man an der Kirche anklopfen müssen. Es hätte aber allenfalls der aus Indien stammende Zweitpriester geöffnet, und dieser wäre nicht einmal autorisiert gewesen, mit dem Besucher zu sprechen. Das hätten die freundlichen Herren aus der Bar gegenüber getan, wo sich diejenigen trafen, die einst für die Kommune arbeiteten, als sie noch einen Bürgermeister hatte. Padre Strangiò wäre wie stets in der Schlucht von Polsi gewesen, wo sein Handy nicht funktionierte und es allein ein altes Festnetztelefon ohne Anrufbeantworter gab. Und wenn man nicht im richtigen Rhythmus anrief, wäre er entweder nicht drangegangen oder man hätte ihn wirklich verpasst.

Padre Strangiò stammt selbst aus San Luca. Das Schicksal wies ihm die Rolle zu, das Schlimmste zu verhindern. Die Sanluchesi – oder Santalucoti, wie sich die nannten, die auf ihre griechischen Abkünfte stolz waren – schirmten ihn von allem ab, weil sie wussten, dass nur er sie verteidigen würde. Und jedes Jahr, zum Fest der Madonna di Polsi, hielt er eine Predigt, in der er die Verachtung der anderen, der Außenwelt, für das traditionelle Leben der Leute vom Aspromonte geißelte und seine Gemeinde aufrief, sich unter den Schirm der Madonna zu stellen: der Madonna, die zwischen dem Göttlichen und dem Menschlichen vermittelte, der nichts Menschliches fremd war die gelitten hatte und der Unrecht widerfahren war, und die dennoch, mehr als jede andere, in Gottes Ohr sprechen durfte.[25] Von ihr ging alle Unschuld der Menschen aus und zu ihr kehrte alle Unschuld zurück. In San Luca gibt es keinen geachteteren Mann als Padre Strangiò.

Corrado Alvaro wusste, dass sich in Polsi alles vergrößerte, dass aus einer banalen Liebelei ein Schicksal wurde und aus dem Gemurmel eines Stummen die exzentrische Rede eines Heiligen. Er wusste auch, dass hier Männer einander ihre Macht demonstrierten, um bald darauf wie Kinder weinend vor der Statue der Madonna della Montagna zu stehen. Alvaro hatte als Schriftsteller begonnen, indem er über Polsi schrieb – siebzehnjährig publizierte er die Broschüre *Polsi nell'arte, nella legenda e nella storia* –, und er kehrte mit Worten immer wieder nach Polsi zurück, um sich seines Schreibens zu vergewissern, auch als er längst nicht mehr in Kalabrien, sondern neben den Stufen der Spanischen Treppe in Rom lebte. Polsi ist ein poetischer Ort, er bringt das, worauf sich die Rede von ihm bezieht, erst hervor. Aus diesem Grund ist er das willkommene Zentrum des »battesimo«, der Taufe, neuer »picciotti«, Kleiner, wie die Angehörigen der 'Ndrangheta seit dem 19. Jahrhundert genannt werden (wobei »picciotti« auf eine Unterklasse der kampanischen Camorra referiert, die namentlich schon früher bekannt war als ihre kalabresische Entsprechung). Und zwar sowohl in der Wirklichkeit als auch in der Fantasie, wobei man einen phantasmagorischen Überschwang in der Realität selbst veranschlagen muss, der ja gerade durch die »Taufe« mobilisiert werden soll.

Ein Mafiaforscher, der sich über viele Jahre hinweg mit den geheimen Zeichen der 'Ndrangheta auseinandersetzte, schreibt, besonders diese Ritualität wirke anziehend auf die jungen Arbeitslosen der Region.[26] Ihm zufolge wirkt darin das Versprechen, ein anderer zu werden, gesteigert durch die Geheimhaltung der Worte und Zeichen.

Indes mag auch ein weiteres – und hier vielleicht: archaisches – Motiv eine Rolle spielen: In einer segmentären Gesellschaft, in der Autoritäten nach Altersklassen geordnet sind, wächst im selben Maß, wie Autoritätsgewinne durch andere Zugehörigkeiten (Arbeit!) unmöglich sind, der Druck, innerhalb der Altersklassen aufzusteigen. »Picciotto« zu werden ist folglich ebenso eine Flucht nach außen wie eine Flucht nach vorn. Nicht zu vergessen, dass hier auch widerfahrene und ausgeübte Gewalt, die gemeine Gewalt daheim oder auf den Straßen, integriert werden und als sinnvoll erscheinen. Der fluide, unsichere Körper der Jugendlichen wird zum Körper einer Gemeinschaft, die persönlichen Demütigungen werden in kollektive Demütigungen und Abhärtungen übersetzt. Endlich nimmt man den Leib eines erwachsenen Mannes an, der das Gesetz des Vaters repräsentiert – und das oftmals nicht, um zum eigenen Vater aufzuschließen, der oft fern oder lachhaft erscheint, sondern um ihn endlich zu ersetzen.[27]

Wenngleich seit beinahe hundert Jahren über Aufnahmerituale der 'Ndrangheta berichtet wird, stammt das erste objektive Zeugnis, die Filmaufnahme eines »Battesimo«, aus der norditalienischen Provinz Lecco aus dem Jahr 2014. Es bestätigt die seltenen Berichte von Kronzeugen – zumal es sich in der Regel dabei nur um Angehörige der unteren Ränge handelt –, wonach ein Aufnahmeritus in einem eigens gereinigten, sakralisierten Raum stattfindet, in dem genau fünf Ndranghetisti anwesend sein müssen (wobei nicht anwesende durch Taschentücher repräsentiert werden). Der Aufnahmeschwur wird mit einem »santino«, einem Heiligenbildchen in der Hand geleistet (in der Regel der hl. Erzengel Michael), auf das zuvor etwas Blut aus dem Finger oder dem Handgelenk des Initianden geflossen ist. Die Rede des Zeremonienmeisters nimmt auf die Gründungslegende Bezug. Selbst die Zeiten scheinen geregelt – Aufnahmeriten sollen am letzten Samstag eines Monats zwischen 17 und 18 Uhr stattfinden. Unabdingbar bleibt die Dreieinigkeit der »antenati«, der Vorfahren, die in einem anderen Zusammenhang Jesus Christus, den Apostel Petrus und den Erzengel Michael vorstellen,[28] seit der Nordausdehnung der kalabresischen Mafia und deren Neuaneignung des italienischen Freimaurerwesens – dessen regionaler Schwerpunkt Turin und Mailand sind, also die Zentren des laizistischen Italien – aber auch in Gestalt von Giuseppe Garibaldi, Alfonso La Marmora und Giuseppe Mazzini wiederkehren können.[29] Garibaldi, auf dessen Intervention die Einigung der mittelmeerischen Halbinsel zurückgeht, wird dabei als Banditenführer interpretiert. »Haben wir in der Schule nicht gelernt, dass Garibaldi sich mit den Briganten alliierte? Die früheren Briganten, das war die frühere

'Ndrangheta! Es gibt also eine Verbindung!«, meint ein abgehörter Ndranghetista. Im »Gergo«, der mafiösen Geheimsprache, bezeichnen die Figuren immer auch Funktionsträger, vom Chef einer 'Ndrina bis zu ihrem Buchführer. Durch die Nordausdehnung hat sich die Organisation sowohl rituell als auch funktionell weiter ausdifferenziert – vom »fiore«, dem jüngst Eingetretenen, bis zur »Santa«. Während der Zeremonie müssen die Neophyten innerhalb des Sprachspiels verbleiben, das die Sakralität garantiert: »Wenn Euch jemand fragt, wer Euer Vater und Eure Mutter sind?« – »Mein Vater ist die Sonne, meine Mutter der Mond.« Auch hier weiß man einiges aus Mitschnitten in Autos und Vorräumen, in denen dem Neuling noch einmal die Ursprungslegende, die Übersetzung der Figuren, die Gloria der »ehrenwerten Gesellschaft« eingeprägt werden. Nur gekleidet sind die Männer auf den Aufnahmen so, als kämen sie gerade vom Baumarkt, außerdem scheint mitunter Bier zu fließen, sodass man meinen möchte, es handle sich um verdeckt gedrehte Szenen aus den verschämt-spießigen Hinterzimmern von Studentenverbindungen.

Nur äußerst selten gelingt es, das ›Drehbuch‹ eines Initiationsritus zu entdecken. Dafür gibt es mehrere Gründe. Zum einen führt seine Tarnsprache – mitunter werden Schriftzeichen anders codiert – die Polizei oft auf Umwege, jedenfalls nicht zum Aufnahmeritus in eine »associazione a delinquere«, eine verbrecherische Vereinigung. Zum anderen scheint die mündliche Überlieferung vorherrschend. Diese lässt die charismatischen Qualitäten des Zeremonienmeisters im selben Maß hervortreten, wie sie den Initianden zur Unterwürfigkeit nötigt; sie stiftet ein unsichtbares Band, das nicht aus Buchstaben, sondern aus Blut besteht. Diese sakrale Mündlichkeit hat die 'Ndrangheta mit Freimaurerriten gemeinsam, die ganz explizit eine Geschichte der verlorenen Schrift (beziehungsweise der verlorenen Worte) kennen.[30] Dennoch sind auf dem Weg in Italiens Norden, selten, aber doch Schriftstücke aufgetaucht, die schon vor einigen Jahren die Aufnahmerituale vor Augen führten. Es liegt nahe, dass diese Verschriftlichungen auf den wachsenden Abstand von der ursprünglichen kalabrischen (Sub-)Kultur reagieren, ein Phänomen, das nicht zuletzt aus der Religionsgeschichte bekannt sein dürfte. Im Zuge der globalen Ausbreitung bleiben Initiationsriten wichtig, selbst wenn die Beteiligten keinen früheren Erfahrungshorizont mehr teilen, sondern nur mehr ein Imago des kriminellen Lebens. Dazu gehört, dass ein altes Ich absterben und ein neues dessen Platz einnehmen muss. Wie es scheint, ist es unabdingbar, den rituellen Tod gestorben zu sein, um den wirklichen Tod bringen und auch riskieren zu können.

Die meisten »Codici« verweisen auf ein Frage- und-Antwort-Spiel, wobei die Fragen direkt und investigatorisch anmuten, die Antworten hingegen literarisch. Die Antworten muss man sich einprägen, oder man kennt sie als Teil der lokalen Mythologie – was jedoch immer seltener der Fall sein dürfte.[31]

> Frage: Was ist die ehrenwerte Gesellschaft und wer hat ihr die Ehre erwiesen?
> Antwort: Eines Montagmorgens bin ich zu einer Welle im Meer gegangen und habe eine Dame gesehen, die zu einer Seite die Ehre verteilte, und so wurde dieser Teil der Gesellschaft geehrt.
> Frage: Wo hat die Gesellschaft ihren Anfang genommen?
> Antwort: Von Spanien. Es waren drei Brüder namens Osso, Corcosso und Carcagnosso. In Palermo vereinigt sie sich und in Kalabrien wurde sie gegründet.
> Frage: Als man Euch mit dazunahm, wie viele sind es gewesen?
> Antwort: Fünf waren es und nicht mehr als fünf und nicht weniger; falls es einer mehr war, so hat er mich draußen gedeckt.
> Frage: Was hat Dir die Gesellschaft gegeben?
> Antwort: Vier schöne Dinge: die Politik, die falsche Politik, den Stab und einen Dolch, um die Verderbten und die Verräter zu verunstalten.[32]

Dieses 1984 gerichtsnotorisch gewordene Fundstück aus der Lombardei wurde nicht als »battesimo«, sondern als Teil eines Aufnahmeritus in eine höhere Charge – im 'Ndrangheta-Rotwelsch: »dote«, Mitgift – interpretiert. Zugleich enthält es gegenüber der »Tradition« einige Abschreibefehler. In diesem wie in anderen Fällen – die Codierungen der Rituale, der Funktionen, teilweise der Handlungen der 'Ndrangheta begannen Ende des 20. Jahrhunderts auch in Rom, Ligurien, sogar in Australien aufzutauchen – besannen sich Beschuldigte, dieses mit ihren weiteren Aktivitäten in Zusammenhang gebrachte Material zur folkloristischen Beilage zu erklären. Es sei ohne strafrechtliche Relevanz. Sie mussten befürchten, dass ihre Geschäfte im Bau- oder Müllsektor verschärft beobachtet würden oder dass man bereits entdeckte illegale Handlungen – Bestechung, Vorteilsnahme, Steuervergehen – nun im Kontext internationaler organisierter Kriminalität überprüfte. Offenkundig wollten sie auch vermeiden, das Schwert des Erzengels Michael zu spüren, das die Verräter richtet. Die 'Ndrangheta, auch das geht aus einigen »Codici« hervor, kennt zwar das temporäre Ausscheiden ihrer Mitglieder – den sogenannten »distacco« –, sie verlangt aber gerade auf der höheren Ebene, dass ein Funktionsträger seine Verantwortung übernimmt, indem er sich, um Unheil von der Organisation abzuwenden, nötigenfalls selbst tötet.[33]

In den meisten Fällen blieben Versuche, sich als traditionswahrende Laienspielgruppe zu inszenieren, vor Gericht erfolglos. Es hätte bewiesen werden müssen, dass die verwendete Sprache, die Zeichen, der Habitus kulturell breiter verankert gewesen wären. Dass aber gerade nicht jeder ungestraft diese Inszenierung durchführen oder ihr auch nur beiwohnen konnte, dafür gab es genug – mitunter blutige – Beispiele. Noch heute scheint in bestimmten Gegenden der Ausdruck »'Ndrangheta« so fluchbehaftet, dass man besser ein Synonym wählt.[34] Die Spiele der kalabresischen Mafia sind ernste Spiele.

Verbreitet war ebenso die Verteidigungsstrategie, die eigenen Rituale ausschließlich der früheren, bis in die 1960er-Jahre aktiven Organisation zuzuweisen. Entsprechend reaktivierte man eine Vergangenheit, die nicht so schlimm gewesen sei, jedenfalls weit entfernt vom globalisierten Verbrechen, zuvörderst dem interkontinentalen Drogenhandel, der die eigene Jugend auffraß. Veteranenspiele eben. Hatte es nicht in einem 1903 entdeckten Statut geheißen, Päderasten, betrogenen Ehemännern und überhaupt ehrlosen Personen sei von vornherein die Aufnahme zu verweigern?[35] Die alte Mafia sollte als eine Gesellschaft in der Nachfolge der Waldbrüder Robin Hoods erscheinen, bis, wie Corrado Alvaro 1953 schrieb, Personen, »die sich bereichert hatten und von der Sekte in ihren Angelegenheiten hatten helfen lassen, ihre Führer wurden, die durch ihr Geld, nicht aber durch ihre Qualitäten, ihre Leistung, ihre Überzeugungskunst« operierten. Das Gericht der Regionalhauptstadt Reggio Calabria indes gelangte 1984 erstmals und seither immer wieder zur Überzeugung, auch die modernisierte 'Ndrangheta könne sich von ihren »liturgischen« Respektsformen und ihren »in archaischen Zeiten und in einer missverstandenen Beziehung zwischen pseudoreligiösen Traditionen und Geheimritualen wurzelnden Vergangenheit« nicht lösen. Diese habe selbst wenig zu tun mit der authentischen kalabrischen Volksfrömmigkeit.

Ist dies das letzte Wort? Die Authentifizierungsstrategien der Mafia selbst werden also als kulturelle Abweichung, als in der Vergangenheit erfolgte falsche Lektüre der eigenen Kultur begriffen. Ihr stellt man eine Volkskultur gegenüber, die in ihrer Gutherzigkeit und Naivität sich schlecht gegen Vereinnahmung zu wehren wisse. Die richtige Erklärung liegt dann in den Händen der Priester und Bischöfe, bei Vertretern einer sozialen Schicht, zu der auch die Richter in Reggio Calabria gehören. Und es sind diese Autoritäten bei sämtlichen Prozessen in Süditalien noch immer am besten davongekommen.[36]

3. Die Sirenengesänge der 'Ndrangheta

Die Folklorisierung der kalabresischen Mafia erreichte um die Jahrtausendwende einen Höhepunkt. Der aus Kalabrien stammende und in Hamburg lebende Journalist Francesco Sbano, Co-Autor der vermeintlichen Lebensgeständnisse eines »Bosses« (2011), brachte zwischen 1999 und 2001 in Folge die Alben *Canto di malavita* (I bis III), die Musik der Mafia, heraus. Die Resonanz nördlich der Stiefelspitze war beachtlich – von der römischen *Repubblica* über den *Nouvel Observateur*, den *Spiegel* bis hin zur *New York Times* zeigte sich die Welt angetan von der Idee, die Mafia sei Teil einer als melancholisch, gar »herzzerreißend« sich äußernden Volkskultur. Es schien, als würde diese Veröffentlichung die Wahrheit eines rauen, aber keinesfalls freudlosen Überlebenskampfes aufschließen, der in seiner ursprünglichen Schönheit in den Ortschaften, den malerischen Schluchten und Bergen des Aspromonte zugegen sei. Angesichts der Lobpreisungen könnte man meinen, die so dargestellte Wahrheit von Leben und Tod, die weitgehend auf moralische Absicherung verzichtete, habe womöglich im Norden und im Westen auch deshalb solche Bewunderung erfahren, weil sie dem neoliberalen Modell einen Untergrund verschaffte – die Mär von der Schönheit des »survival of the fittest«. Zumindest in der Welt vor der letzten Finanzkrise.

Andererseits zieren das Cover einer 2009 neu aufgelegten Kompilation aus Dokumentarfilm und Musikauswahl zwei vermummte Männer mit Gewehren im Anschlag. Sie sehen eher nach den Heimatschützern und »besorgten Bürgern« aus, die die Flüchtlingskrise ein paar Jahre später nutzen sollten, um ihre Träume der nationalen Abschottung zu zelebrieren – und tatsächlich sollten in Kalabrien Mittelsleute aus dem 'Ndrangheta-Umfeld dem rechtspopulistischen Innenminister Matteo Salvini die Wahl sichern. Mafiabilder schauen genauso voraus wie zurück, und was sich in ihnen bricht, sind oft die verworfenen Möglichkeiten unserer Welt, zu deren Realisation wider Ethik und Gesetz sie uns ermutigen.

»Exquisiter Geschmack« – »erhaben und melancholisch zugleich« – »wie in der italienischen Oper ist es nicht notwendig, die Sprache zu verstehen, um die Schönheit der Lieder würdigen zu können« – man wird fragen dürfen, ob bei dieser internationalen Rezeption neben bewusst einkalkulierter Blindheit nicht auch der Wunsch Vater des Gedankens ist. Die *Musica della mafia*, ausweislich des Booklets »originale Quellendokumente aus eigener Hand«, besteht wesentlich aus banalen Gitarrenweisen, die selten den Akkord wechseln und sich wenig voneinander unterscheiden. Nostalgie wird durch ein Akkordeon – besser sollte man hier vielleicht sagen: durch ein Schifferklavier – erzeugt. Der Gesang ist nicht völlig kunstlos, aber vergleichsweise monoton. Bei den meisten Stücken handelt es sich um Balladen, zu den Themen gehören: Einsamkeit im Gefängnis, Lobpreis berühmter Briganten, die Aufforderung, getötete Clanmitglieder zu rächen, das schmähliche Schicksal der Verräter. Die Sänger befleißigen sich eines altertümelnden Einheitskalabresisch, das Unterschiede zwischen dem Cosentiner Dialekt und dem des weiter südlich gelegenen Reggio Calabria zudeckt; vermutlich eine linguistische Fiktion.

Natürlich kommen in den Liedern auch »Werte« zur Sprache: »onestà«, Ehrlichkeit, aber nur innerhalb der ehrenwerten Gesellschaft, Großzügigkeit, Familiensinn. Diese bilden aber stets die Kehrseite von Familie als Schicksal, Unbarmherzigkeit gegenüber Aussteigern, kontinuierlichem Misstrauen gegen eine prinzipiell böse gesonnene Welt. Der Freiheitsbegriff ist durchgängig negativ gefärbt, nicht einmal der dionysische Exzess von Raubzügen wird gefeiert, echte Freiheit gehört nur dem Tod. Dass jedes Dasein geworfen sei, ja dass der Eintritt ins Leben nichts anderes meint als einen neu gestarteten Wettlauf mit der Vernichtung, davon zeugt beispielsweise das Wiegenlied »Ninna nanna malandrineddu«:

> Schaut Euch meinen Sohn an, wie schön er ist / wie er seinem Vater gleicht / wie er Augen hat wie ein echter »malandrineddu« [Verbrecher] / mit einem Herzen so schön wie das seiner Mamma / Höre mir zu, mein liebes Söhnchen / das Du schon als Waise geboren bist / Deinen Vater haben sie getötet / mit Gemeinheit und Verrat / Und Du wirst groß werden müssen, bald wirst Du wachsen / Messer und Waffen wirst Du stets bei Dir tragen / die Ehre der Familie erhalten / Söhnchen, Deinen Vater wirst Du rächen / Vergib mir diese Worte / Aber ich kann mich nicht beruhigen / Erstick den Hass, den ich im Herzen trage / Sohn, Du musst Deinen Vater rächen […]

Das hier angeschnittene Rachemotiv scheint eher aus der attischen Tragödie oder in moderner Fassung dem nordalbanischen Kanun, der Regelung der Blutrache, entnommen. An anderer Stelle werden entsprechende Verhaltensweisen kulturalisiert, sprich: auf den Gegensatz von Tiefland- und Bergbevölkerung bezogen – sodass man an fast geneigt wäre, Judith Matloffs These von den ressourcenarmen Bergen als natürlicher Brutstätte von Konflikten zu folgen.[37] In diesem Sinn schreibt sich die Folklore der 'Ndrangheta in eine nicht nur mediterrane Ökumene ein.

Aber das ist nur ein Teil der Ideologie, so dieses Wort hier angemessen ist. Ein anderer betrifft die 'Ndrangheta als Hort wahrer Männlichkeit. Dort wird Lüge mit Lüge vergolten, bis Ehrlichkeit eintritt; dort wäscht Blut Blut; kurz, dort regiert eine angeblich richtige und echte Reziprozität, die sich in den hergebrachten Familienverhältnissen der Mitglieder, Kandidaten und zukünftigen Adepten wohl so nicht finden lässt. Segmentäre, also maßgeblich auf Verwandtschaftsgruppen gründende Gesellschaften lassen durchaus Spielraum für Gleichheit zwischen den Gruppen, oder besser: Sie laden dazu ein, Machtfragen zwischen ihnen jeweils neu zu verhandeln; dagegen gelten innerhalb einer Gruppe eherne Gesetze, die auf einige bedrückend wirken.[38] Die Mafia akzentuiert beide Aspekte und bezieht einen Teil ihrer Attraktivität aus dem Versprechen ihres Ausgleichs. Jemand ist der Jüngere, ein »picciotto«, aber er wird gerecht behandelt, er kann seiner Leistung entsprechend aufsteigen – das innerhalb von Verwandtschaftsbünden dominierende Ancienitätsprinzip wird also ausgesetzt. In Teilen kompensiert die Mafia also Konflikte in segmentären Gesellschaften, wie sie zumal dort auftreten, wo diese Gesellschaftsregeln nicht unwidersprochen geblieben sind –

in Gemeinwesen, die sich in unterschiedlichen Geschwindigkeiten entwickeln und in denen es einander widersprechende Meritokratien zu geben scheint (wie das in einer langen Geschichte der Fremdverwaltung häufig der Fall ist).

Ein Lied, das dieses Phantasma der Reziprozität positiv enthält – im Vergleich zu den zahlreichen Liedern über zu bestrafende Verräter –, könnte fast als studentischer Wirtshauscantus durchgehen, es trägt den Titel »Saggi cumpagni«, kluge Gefährten:

> Kluge Gefährten, Euch allen einen guten Abend / Ich bitte um Erlaubnis / In euer Lokal eintreten zu dürfen. [...] / Guter Gefährte, woher kommt Ihr / Ich komme aus einer weit entfernten Gegend / Von dem Ort, wo ich getauft wurde / Von einer Insel namens Favignana / [...] / Nun sind wir dessen sicher, was Ihr sagt / Kluger Gefährte, tretet ein / Und verfügt über alles, wie Ihr wünscht.

Die aus Anspielungen auf die Gründungslegende bestehende richtige Antwort ist hier der »chiave«, der Schlüssel, gleichsam ein Sesam-öffne-dich. In Geheimgesellschaften, so die Ideologie der 'Ndrangheta, gilt ein *do ut des*, ein Komment, ein echtes Teilen. Dieses ist ihre Existenzgrundlage – beinahe überflüssig zu erwähnen, dass sie jeweils durch

Beraubung aus einer grundsätzlich als feindlich, verständnislos, verworfen markierten Außenwelt hereingeholt werden muss. Innerhalb der »ehrenwerten Gesellschaft« findet dann eine Art Verwandlung der angeeigneten Ressourcen statt – sie werden vom Raubgut zu austeilbaren Gaben. Auch diese Umverteilung kann als ein moralischer Akt vorgestellt werden.

Der Verfasser einer italienischen Rezension der *Canti di malavita* wies darauf hin, diese Lieder seien »nicht mehr und nicht weniger authentisch als die afrikanischen Masken, die auf der Straße Touristen angeboten werden und die den Masken aus globalen Museen nachgebildet sind«.[39] Die Welt der Hirten und Bauern, die in ihnen besungen werde, sei längst untergegangen. Andererseits scheint es den Bedarf nach ebendieser untergegangenen Welt zu geben, genauso wie den nach Reziprozität, nach Geheimnis, nach dem wahren Leben. Oder nur nach einem Lied, das den Fluch benennt, der das richtige Leben im falschen gefangen hält.

Das Hauptproblem ist vielleicht, dass es Common Sense ist, diese Art von Liedern als kalabresische Musik schlechthin zu identifizieren, als habe die »malavita« die gesamte Imagination gekidnappt.

Über die Authentizität von Sbanos Aufnahmen existieren schließlich geteilte Ansichten. Gewiss, sie ähnelten denen, die man im Land an den

»bancarelle«, den Marktständen bei Festtagen, auf Kassetten kaufen konnte, viele Jahre, bevor die CDs zur Weltmusik aufschlossen.[40] Aber die Namen der Sänger und der Musikanten bleiben ungenannt. »The producers would like to acknowledge that due to the historical origin of the recordings, the sound quality may not necessarily meet with the latest technical recording standards.« Hier übertreibt Sbanos Plattenfirma. Die Aufnahmequalität ist gut, und große musikalische Gaben braucht es nicht.

Seit einigen Jahren ist in einem konfiszierten Haus an einer Ausfallstraße von Reggio Calabria ein »Museum der 'Ndrangheta« untergebracht. Junge Aktivisten, die sich zu einer Kulturvereinigung zusammengeschlossen haben, betreiben dort ein Studienzentrum zur lokalen und regionalen Geschichte der organisierten Kriminalität, sie kuratieren Ausstellungen und halten das Gedächtnis an die Opfer wach. Hier lebte zuvor ein ebenso junger Ndranghetista, der von seinem Ankleidezimmer Abflug und Landung seiner Drogenkuriere auf dem nahe gelegenen Flughafen verfolgen konnte, zur Hochzeit der Mafia, als es mehr als die tägliche Flugverbindung mit Rom gab. Dieser Ndranghetista hatte einen Knaben, von dem er glaubte, dass er ihn verraten habe, töten und verschwinden lassen. Einer der Beteiligten, ein 'Ndrangheta-Kollaborateur niederen Ranges, hatte sich anschließend an die Polizei gewandt. Der Auftraggeber versteckte sich daraufhin im Keller seines Hauses, in einem Bunker, umgeben von Heiligenbildern, und bekritzelte die Mauern seiner Wohnstatt (»Gott beschütze mich in meinem Bunker«, »Tod den Verrätern«), bis er entdeckt wurde. Die jungen Aktivisten nutzen heute diese Räume für Theaterproduktionen oder als Tonstudio, sie laden Kinder aus der Umgebung und aus meist schwierigen sozialen Verhältnissen ein. Mancher von ihnen kennt Lieder der »malavita«, sie singen und diskutieren sie und pflegen Rollenspiele. Denn dass die Lieder ein gewisses Ansteckungspotenzial bergen, das ihnen – auch mimetisch – ausgetrieben werden muss, schließen die Aktivisten zumindest nicht aus. Als Francesco Sbano davon erfuhr, machte er sich im Auto von Hamburg aus auf den Weg in diesen Außenbezirk von Reggio. Er parkte auf dem großen, leeren Parkplatz, der einmal eine Schafweide gewesen war, und drohte den Jugendlichen, er werde sie wegen Urheberrechtsverletzung verklagen.[41]

4. Die Mafia als literarische Gesellschaft: Die *Beati Paoli* und der Untergrund von Palermo

Es gibt die bilderarme Mafia, die ikonische Mafia und die Mafia, deren Bilderüberfluss sich so schnell verbraucht, dass permanent nachproduziert werden muss. Die Mafia aus Palermo und Corleone steht wohl in der Mitte. Während man die 'Ndrangheta nicht sieht, oder besser, während ihre Aktionen mit denen des traditionsgesättigten wie des alltäglichen Lebens verschwimmen sollen, sodass man das eine nicht länger vom anderen unterscheiden kann – wie auch das »gute« Geld nicht vom »falschen« –, hat die sizilianische Mafia klar umrissene Bilder hervorgebracht, nicht zu viele, nicht zu wenige.

In Italien haben sich, nicht zuletzt durch vielfache Spielfilmadaptionen, die Anschläge von 1992 auf die beiden Antimafia-Staatsanwälte Falcone und Borsellino ins Gedächtnis gebrannt: bei voller Fahrt detonierende Autobomben, in Zeitlupe in die Luft geschleuderte Wagen, das Entsetzen danach. Die Beerdigungen gerieten zu einer Abrechnung mit der nationalen Politik, der man ihre

»trattative«, ihre heimlichen Verhandlungen mit dem organisierten Verbrechen vorwarf. Bis heute hält sich hartnäckig der Verdacht, die sizilianische Mafia habe mit ihren Attentaten Zugeständnisse von einem Staat erpressen wollen, der, nicht zuletzt aufgrund personeller Verquickungen, zu lange unschlüssig blieb. Mit dem Fall des Eisernen Vorhangs hatten sich die Großmächte immer weniger für Italien interessiert, sodass das fragile Gleichgewicht von Christdemokraten und Kommunisten implodierte und anstelle politischer Auseinandersetzungen solche um den Umfang regionaler Selbstbestimmung getreten waren. Und auch die Mafia, so heißt es, habe sich als sizilianische Staatsmacht aufspielen wollen.[42]

Ein Schlaglicht auf die Ereignisse von 1992 wirft das bis heute gern zitierte Bild, dass der Mafiaboss Bernardo Provenzano vierzehn Jahre später bei seiner Verhaftung in einem Weiler bei Corleone abgab: ein alter Bauer, der in einer rustikalen Kate bei Ricotta und Cicoria sitzt und, wenn überhaupt, seine Anordnungen auf einer rostigen Schreibmaschine verfasst. Damit war also die archaische, um nicht zu sagen: zurückgebliebene Grundverfassung einer weltweit agierenden Verbrecherorganisation aufgedeckt. Dass Provenzano nur die letzten Tage seiner Flucht in der Kate verbracht hatte und während dieser Zeit auf lokale Produkte angewiesen war, wurde kaum erwähnt. Das Bild aus dem Versteck bestätigte stattdessen den Glauben, dass mit dem erfolgreichen Kampf gegen soziale und wirtschaftliche Rückständigkeit auch der gegen die Mafia zu gewinnen sei. Und dieser Glaube war alles andere als neu.

Wie Salvatore Lupo, der unbestechliche Historiker sizilianischer Verhältnisse erläutert hat, ist die Mafia historisch ein Produkt der Anpassungsnot einer feudalen, agrarisch bestimmten Gesellschaft an eine bürgerlich-kapitalistische.[43] Der Zwang zur Anpassung entstand im Zuge der italienischen Vereinigung. Möglich wurde sie vor allem durch das Aufkommen von Konkurrenz auf einem nicht länger von regionalen Vizekönigen oder adeligen Notabeln beaufsichtigten Markt. Die Mafia bietet agrarischen Produzenten und Landeignern Schutz, besser: Sie presst ihn sich ab, denn stets ist sie in der Lage, zur Konkurrenz überzulaufen. Die Existenz von wirtschaftlicher Konkurrenz ist ihre Voraussetzung, deren Minimierung ihr Versprechen. Zu diesem Zweck vermittelt sie Wärter an Landbesitzer. Wenn es nottut, stehlen diese Wärter aber die Produkte der von ihnen gehüteten Ländereien und geben sie in den Verkauf, um die Preise niedrig zu halten. Mit anderen Worten, der Eigennutz der Mafia ist stets irgendeines anderen Nutzens, und daraus zieht sie den Anschein der »Systemrelevanz«.

Seit ihren Anfängen begleitet die Mafia das Gerücht, sie behindere neben dem sozialen den wirtschaftlichen Fortschritt. Tatsächlich verhindert sie, dass sich kapitalistische Wertschöpfung unbegrenzt vollzieht. Ebenso verhindert sie allerdings Monopolbildung. Die Mafia ist ein Produkt des sozialen Misstrauens, das sich am Übergang von der Bourbonenherrschaft zur Unterwerfung unter das sabaudische Königshaus erheblich gesteigert haben muss. Sie übernimmt darüber hinaus eine sozialhygienische Funktion, indem sie selbst alsbald zur Verkörperung ebendieses Misstrauens aufsteigt.[44] Entsprechend diffus sind die Übergänge zwischen Anerkennung und Ablehnung der Mafia. Je nach persönlicher Lage sind Landbesitzer und Politiker ihr einmal wohl- und einmal übelgesonnen. Die ersten, meist aus dem Norden stammenden Gouverneure Siziliens sehen in ihr dagegen durchweg ein Wachstumshemmnis, das sie mit sämtlichen Eigenschaften des Südens identifizieren: mit der Abneigung gegen staatliche und gesetzesbewehrte Autorität genauso wie mit der Trägheit und Unfähigkeit zu guter Organisation. Kurz, sie deuten die Mafia als Teil der sizilianischen Mentalität – während schon Ende des 19. Jahrhunderts die sogenannte sizilianische Linke sie als Symptom einer unvollständigen, weil nur oktroyierten Modernisierung versteht, die erst durch wahre Gleichheit und Demokratie vollendet sein würde. Beide Perspektiven stimmen darin überein, die Mafia als Mangelerscheinung zu begreifen, während sie doch vor allem dort zum Tragen kommt, wo sich verschiedene Ansprüche, Möglichkeiten, Zugehörigkeiten überlagern, also Überfülle herrscht.

Sucht man nach einer der ersten namentlichen Erwähnungen, so stößt man unweigerlich auf die Komödie *I mafiusi della Vicaria* von Giuseppe Rizzotto und Gaspare Mosca (1863). Darin treffen im berüchtigten Palermitaner Gefängnis ein Krimineller, der gegen Bezahlung Schutz anbietet, und ein politischer Häftling aufeinander. Dieser verweigert die Schutzgeldzahlung und erklärt, nach dem Ende der Tyrannei werde auch der Bedarf an kriminellen Leistungen abnehmen. Das Geschäftsmodell der organisierten Kriminalität wird hier in eine – noch unabgeschlossene – Vergangenheit zurückprojiziert, als Vermittlungsleistung sogar von seinen Gegnern anerkannt und als sozial defizitär gebrandmarkt. Die Gründe dafür aber werden nicht der organisierten Kriminalität selbst zugeschrieben. *I mafiusi della Vicaria* etablieren – obgleich, wie Lupo betont, in keiner Weise mystifikatorisch – das Gefängnis als Ausnahmeort, an dem sich die beiden Helden qua ihrer persönlichen Kraft und ihres Charismas beweisen. Von ihrem Wettstreit, der in Wirklichkeit auf einer geteilten Lageeinschätzung beruht, wird die Mafia sich in der Folge ernähren und ihre Transformation auf der Hinterbühne vollziehen. Die Mafia braucht diesen Wettstreit, um sich ihren eigenen Schatz an Legitimität anzueignen, das heißt, um das einzige Monopol, das ihr dienlich ist, durchzusetzen: das Monopol der Vermittlung. Ihr mehr als hundertjähriger Vernichtungsfeldzug wird in der physischen Elimination, aber auch im Rufmord an ihren Gegnern bestehen, die entweder als unfähige Vermittler oder eben als Vermittler im Ruch der Mafia erscheinen sollen. Mit erkennbar gegenläufigen Absichten verfasst und noch bezogen auf das, was Lupo als »Proto-Mafia« bezeichnet, dient die Komödie von Rizzotto und Mosca als Blaupause mafiöser Strategie – bis heute.

Mehr als vierzig Jahre später und in einer Zeit, da niemand mehr behaupten kann, die Mafia sei ein normaler Dienstleister, erscheint im *Giornale di Sicilia* der Fortsetzungsroman *Beati Paoli*. Als Autor zeichnet ein gewisser William Galt, ein Engländer, wie es sich für einen veritablen historischen Abenteuerroman gehört. Er verwendet eine im Übergang zwischen dem spanischen Vizekönigreich und der Herrschaft der Savoyer angesiedelte *urban legend*, die wohl bereits im 18. Jahrhundert kursierte, um seit Mitte des 19. Jahrhunderts ausdrücklich mit der Mafia (oder ihren unmittelbaren Vorgängern) assoziiert zu werden. Noch heute gibt es im Zentrum Palermos einen den »Seligen

Paoli« geweihten Platz. Der Name bezieht sich auf eine geheime Vereinigung von Kapuzenträgern, die aus allen städtischen Schichten stammen und sich in unterirdischen Verliesen und Gängen treffen. Dort entscheiden sie über ihnen zu Ohren gekommene Fälle, bei denen es der Gerechtigkeit unter ihre sonst schwachen Arme zu greifen gilt. So heißt es aus dem Mund des Anführers:

> Ein Adeliger kann seinem Untergebenen, einfach, weil er sein Untergebener ist, Vieh, Waffen und Pferd fortnehmen, und das Recht lässt es zu; das gleiche Recht schickt den Untergebenen zum Galgen, sollte er es wagen, von seinem Patron eine Handvoll Weizen zu stehlen oder ein Lamm. [...] Das ist die Gerechtigkeit des Staates, die Gerechtigkeit der geschriebenen Gesetze, zum Wohle des Stärkeren. [...] Unsere Gerechtigkeit dagegen ist in keiner Verfassung niedergelegt, sondern in unsere Herzen gemeißelt: Wir richten uns nach ihr und zwingen die anderen, sich nach ihr zu richten. [...] Wer anerkennt unsere Autorität? Niemand. Wer anerkennt unser Recht, Gerechtigkeit auszuüben? Niemand. Und ebendeshalb müssen wir diese Autorität und dieses Recht durchsetzen, und zwar mit dem Schrecken als Waffe und mit einem Mittel, ihn hervortreten zu lassen: das Geheimnis, den Schatten.[45]

Schon aus diesen Worten wird deutlich, dass es hier nicht um soziale Rebellen geht, auch nicht um Revolutionäre im politischen Sinn, sondern um Terroristen. Denn diese Zeilen schließen jegliche Berufungsinstanz aus, ja sie setzen gegen das positive Recht nicht einfach ein neues oder altes, ein mündliches oder traditionelles, sondern ein Recht, das sich in seiner reinen Wirksamkeit zeigt. Dieses Recht kann göttlichen oder teuflischen Ursprungs sein, wichtig bleibt, dass es sich geltend macht. Am schärfsten tritt es hervor, wenn es vorher verborgen war: das ist der Sinn des Schreckens (»terrore«) und seiner Plötzlichkeitsstruktur. Die Unsichtbarkeit der Mitglieder ist dafür eine wichtige Voraussetzung (zugleich erscheint dieser »Niemandsstatus« dadurch legitimiert, dass »niemand« das Recht anerkennt), auch, dass sie, wie der Roman nahelegt, untereinander lange unsichtbar bleiben – das erhöht den Glauben an das, was sie tun.

Für die Neuauflage des – zumindest im letzten Jahrhundert – meistgelesenen sizilianischen Romans 1987 steuerte Umberto Eco eine Studie bei. Für Eco handelt es sich keineswegs um einen historischen Roman – ein solcher hätte das Gespräch mit dem Leser suchen, die Unterschiede zwischen der Zeit der Erzählung und der erzählten Zeit thematisieren müssen –, sondern um die italienische Variante des populären Romans französischer Provenienz. Dieser habe sich an ein neues Publikum gewandt, bestehend aus Handwerkern und Kleinbürgertum, und habe den Rächer der Unterdrückten zum Helden gemacht. Erst im Verlauf der klassenmäßigen Konsolidierung seiner Leserschaft wird aus dem unschuldigen, gemeinen Mann der Held des »romanzo popolare«. Zunehmend also identifizierte sich die Leserschaft mit dem Protagonisten oder besser, fand man überhaupt für sie attraktive Identifikationsangebote – schließlich ist die Klasse, die diese Romane las, zu Zeiten von Luigi Natoli weitgehend sprachlos. Den Angehörigen dieser Klasse wird, ganz im Rhythmus des Serienromans, ein Leid getan; und in den Katakomben, in unterirdischen Gemäuern, in ebenso feierlichen wie intransparenten Räumen wird darüber entschieden, ob und wie dieses gerächt werden soll. Eco macht darauf aufmerksam, dass in den *Beati Paoli* die Helden, die »vendicatori« (Rächer), ebenso wie die »dominatori« (die Hegemonen) agieren, vielleicht noch mit dem Unterschied, dass die Kraft- und Machtquelle der Erstgenannten – besonders in Gestalt der Hauptfigur Coriolano – in ihrer Liminalität liegt. Den wahren Helden eignet nämlich eine Lebensentrücktheit – sei es durch Verwandtschaftslosigkeit, frühes Unglück, versagte Liebe –, die sie schon in der Gegenwart wie im Jenseits erscheinen lässt. Das macht ihre Entscheidungen unbefragbar und schließlich unangreifbar.

Als sich der von Eco ob seiner Keuschheit und *impassibilité* mit Athos aus Alexandre Dumas' *Drei Musketieren* (1844) parallelisierte Coriolano schießlich als Anführer der Beati Paoli offenbart, geschieht das auf dem Höhepunkt einer Tribunalszene in düsteren Kellern – das Tribunal, so wird klar, gewinnt seine Unfehlbarkeit, seine moralische Legitimation nicht aus einer abstrakten Regel, sondern aus einer Persönlichkeit, für die diese Welt bereits gestorben ist und die darum einen übergeordneten Willen repräsentiert. Sie kann grausame Entscheidungen verfügen, etwa die Tötung von Kindern Schuldiggesprochener. Zwar kennen die Beati Paoli in der Gestalt Blascos ihren D'Artagnan, der sich dem Anspruch der Geheimsekte auch bald widersetzt und ihr eine Außenperspektive verleiht – aber letztlich wird sie dadurch nur episiert. Eco schließt:

> Es zählen weder moralische Gründe noch solche der historischen Notwendigkeit für die Entstehung der Geheimgesellschaft; es zählt ihre Weigerung sich darzustellen und den Schichten, für die sie eintritt, zum Bewusstsein zu verhelfen. So verfehlt die Geheimgesellschaft als kollektive Verkörperung des Übermenschen ihr illusorisches Vorhaben von Widerstand und Befreiung und wird nur mehr eine andere Form der Herrschaft.[46]

Für Eco trägt weniger der Gegenstand der Erzählung Schuld als vielmehr ihre Erzählform – der »romanzo popolare« –, weshalb sie dem Semiotiker als »ethnologisches Dokument«, gar als »Spiegel einer Ideologie« gilt. Die Form aber ist der Kompromiss eines Romans vor dem Roman, die kaum mehr aufzuholende Entwicklung der für das Europa (und Amerika) ihrer Zeit wichtigsten literarischen Gattung. In Palermo verbindet sie die (relativ) neue Serialität des Feuilletonromans mit der alten der Rittergeschichten, des »Chanson de geste«, die heute wie damals in den Hinterhöfen der Altstadt mit ihren »burattini« zum Besten gegeben werden und die ewige Wiederkehr derselben Schlacht zelebrieren. Und es scheint, als habe sich die soziale Klasse, an die sich diese Geschichten richten, in mehr als hundert Jahren nicht substanziell verändert – jedenfalls nicht so, als sei sie zu jener »presa di coscienza« gelangt, die ihr Umberto Eco oder zuvor Antonio Gramsci, der Referenzautor aller humanistischen Sozialisten, gewünscht haben.

Die Beati Paoli selbst sind im frühen 18. Jahrhundert angesiedelt. Die mit ihnen verbundenen Erzählungen werden seit Mitte des 19. Jahrhunderts wieder bearbeitet. Ein Strang führt in die antibourbonische Freimaurerei, der unter anderem Luigi Natoli angehörte (seinen Roman verfasste er im apulischen Foggia, wo er zwanzig

Jahre lang eine führende Rolle in einer Loge einnahm).[47] Das Gebot, das Geheimnis zu wahren, gründete dort in der »umiltà« (Demut) der Brüder gegenüber ihrer Vereinigung. Die Verbindung zur Mafia hingegen ist verbürgt durch Gewerkschafter aus Corleone, die angaben, ihr Aufnahmeritual sei wie bei den *Beati Paoli* erfolgt.[48] Andererseits ist diese Verbindung wiederum wenig spezifisch, oder genauer, sie sorgt dafür, dass die Mafia als soziologisches und historisches Phänomen sich in der sizilianischen Kulturgeschichte camouflieren kann. Die *Beati Paoli* werden somit ein wesentliches Requisit für die mafiöse »invention of tradition« (Eric Hobsbawm).

Dem spielt auf der anderen Seite in die Hände, dass in Intellektuellenkreisen der Mittelmeerinsel lange Zeit die Tendenz bestand, die Mafia als ein kulturübliches Phänomen zu behandeln, das gewissermaßen mehr durch seine Literarisierung – in den *Mafiusi della Vicaria*, den Erzählungen Giovanni Vergas oder eben Natolis – als durch empirische Überprüfung Konturen gewonnen habe. Giuseppe Pitrè (1841–1916), »Volkspsychologe« und Begründer des Ethnologischen Museums von Palermo, erklärte in einem Gerichtsgutachten von 1894, die Mafia sei, anders als etwa die Freimaurer, »weder eine Sekte noch eine Vereinigung, sie hat weder Regeln noch Statut«. Vielmehr sei sie das »Bewusstsein des eigenen Seins, ein übertriebener Begriff für individuelle Kraft, der einzigen und alleinigen Schiedsrichterin für jede Auseinandersetzung, für jeden Interessenskonflikt«. Der Ausdruck »Mafia« sei ursprünglich ein Epitheton für weibliche Schönheit und männliche Durchsetzungkraft gewesen. Pitrè leitet auch das Schweigegebot der »Omertà« aus der Kultivierung männlicher Werte ab, nach einer aufwendigen Etymologie stellt er es als eine Spezifizierung der »Virilität« dar. Schlussendlich ist es also aus dieser Perspektive die männliche oder weibliche Ehre – weibliche Ehre im Kontext einer patriarchalischen Gesellschaft, die die Frau als Teil der »roba«, des eigenen Hab und Guts betrachtet –, deren gesteigerte Wahrnehmung in »mafiöse« Strukturen führt. Auch Pitrè und seine Nachfolger halten die Mafia für ein mehr oder weniger bewahrenswertes Kulturphänomen und glauben nicht, dass sie mit den auch von ihnen registrierten kriminellen Handlungen in Palermo und im Hinterland viel zu tun haben.[49] Stattdessen identifizieren sie die Mafia mit einem als eigentümlich, wenn nicht gar als bewahrenswert erachteten Aspekt Siziliens, der als lokale Reserve oder als Widerstand gegen eine wenngleich noch nicht globalisierte, so doch moderne, nationalstaatlich geprägte Ordnung auf sich aufmerksam macht.[50] Der Mangel an »Statut« wird dann gewissermaßen durch die Erfindung der *Beati Paoli* ausgeglichen, die als Roman die Versöhnung einer feudal-agrarischen mit einer sich herausbildenden städtischen Welt leisten.

Aus dieser Sicht ist die Mafia ein Nebenprodukt des sizilianischen Sonderwegs in Italien und Europa; sie existiert nicht eigentlich, sondern hat ihre Existenz an etwas anderem – der aufgegriffenen Fiktionalisierung – und wird, auf kurz oder lang, auch aufhören zu existieren. Oder man wird sich mit ihr arrangieren müssen, weil eine in Männer und Frauen, in Ehre und um seine Ehre kämpfendes Individuum gegliederte Welt sie hin und wieder hervorbringt. Joe Bonanno, 1905 in Castellammare di Golfo geborener New Yorker »Godfather« und vielfache Referenz von Mafiafilmen, hat entsprechend das Wesen der Mafia als »Kooperation unter Männern« verklärt, der synonyme Begriff bei ihm zu Hause war »tradizione«.

In einem summarischen Abriss ihrer Forschungen zu Siziliens Kultur und Soziologie heben Jane Schneider und Peter T. Schneider die mafiöse Erfahrung von Prekarität und emotionaler Unsicherheit hervor. Nicht, dass Nichtmafiosi diese Erfahrung nicht machten, aber im mafiösen Umfeld wird sie kultiviert, das heißt gleichermaßen erzeugt und behandelt. Sie bezieht sich dann sowohl auf die kulturell überlieferte Forderung, sich als Einzelner zu behaupten, seine soziale Stellung über die »Ehre« zu verteidigen, als auch darauf, die Behauptung in der engmaschigen

Kontrolle eines kriminellen Verbands fortzusetzen, in dem jeder dem anderen einerseits Freund sein soll, man andererseits aber absoluten Gehorsam zu leisten hat, auch wenn es darum geht, Familienmitglieder und Freunde umzubringen. An diesem Punkt beginnt die Mafia gleichsam den Existenzialismus auszubuchstabieren, der in der normalen sizilianischen Gesellschaft unter überlieferten Praktiken und Glaubenssätzen verborgen liegt. Ein gelungenes mafiöses Leben ist alsdann ein gelungenes sizilianisches Leben, weil es dessen Daseinsunsicherheiten in sich aufgenommen und aufgelöst hat. Man muss diese polaren Spannungen aus Gemeinschaft und Einsamkeit, aus der Notwendigkeit blinden Vertrauens und der Rationalität des Misstrauens, aus der gespannten Dichte der verbrecherischen Aktion – einem Raubzug, einer Entführung, einem Mord – und bacchanalischer Entspannung in den Blick nehmen, um zu erkennen, dass die *Beati Paoli* mit ihrer Lebensentsagung, ihren liminalen Orten, ihrem Racheorden, ihren festlichen Zusammenkünften, ihrer Unnachgiebigkeit einen Rahmen zeichnen, in dem man sich versteht. Das Gleiche gilt für die Serialität der *Beati Paoli*: Ein gelöstes »Problem« räumt nur den Platz frei für neue »Probleme«. Einzig die Selbstlosigkeit der literarischen Geheimvereinigung lässt sich nicht befriedigend verrechnen. Ist sie etwa bloße Ideologie, streut sie den Goldstaub von Robin Hood in die Augen der unteren Klassen, deren Querelen den anderen nur Anlass geben für Raub und Gewalt? Auch hier sind die Forschungen von Jane und Peter T. Schneider hilfreich: Sie erzählen beziehungsweise lassen die Erinnerungen von Mafiosi und Pentiti an die zahlreichen Feste auf dem sizilianischen Land zu Wort kommen, an denen nur Männer teilnehmen. Man ahnt die leuchtenden Augen, wenn dahinter Momente der Gleichheit zwischen Bossen – oder »mandanti« – und Soldaten – oder »sicari« – evoziert werden. Rausch und Ausgelassenheit zeichneten diese Bankette aus, auch die Umkehrung der üblichen Rollen – der Boss kocht, der ›Soldat‹ wird bedient.[51] Das deutet auf eine Gratifikation, die zwar einerseits an die Beute als materielle Voraussetzung des in Szene gesetzten Überflusses gebunden ist, andererseits aber ihren tieferen Grund in ihrem Erwerb findet, in der Spannung selbst, die für einen Moment gelöst wird. Geld, Haus, Familie, alles, was in irgendeinem Sinn zur »roba« zählt, können einem »affiliato« jederzeit genommen oder vernichtet werden, die Gutschriften des Exzesses hingegen sind das Leben selbst. Mafiöses Dasein bedeutet eine Weise, das Leben herzustellen – und gerade deshalb identifiziert man sich mit der Liminalität, den Quellen des Lebens und der Macht.

5. Das Nachleben der Werte: La familia

Roberto Saviano hat in seiner Reportage *Zero Zero Zero* den Unterschied zwischen 'Ndrangheta und sizilianischer Mafia anhand einer gekippten Dreiecksfigur dargelegt: die 'Ndrangheta sei ein Baum mit vielen Ästen, der sich in seiner Krone weitet, dabei aber stark lokal verwurzelt ist. Dagegen stelle die Mafia ein pyramidales System dar, mit einer oder doch sehr wenigen Führungspersonen oben – der sogenannten »cupola«, deren Existenz jedoch regelmäßig bestritten wird –, die auf dem weiten Heer der »affiliati« und Zuträger aufruht, das sich unter ihnen befindet.[52] Tatsächlich lassen sich entsprechende Symbolisierungen in den jeweiligen Gruppen antreffen. Sie verdeutlichen, wie sehr die 'Ndrangheta von einem genealogischen Bewusstsein durchzogen ist: der Stamm, das sind die »capi«, die Bosse, unbewegliche Territorialherrscher; die Zweige und Zweiglein, das sind Verwandte, alle zum selben Baum gehörig; und die Blätter, die sich Jahr für Jahr erneuern, stehen für die Zuträger und zeitweiligen Kollaborateure, für jene, in deren Firmen man sich erpresserisch einkauft, weil sie sich bei der 'Ndrina verschuldet haben oder als korrupte Staatsdiener auf Vorteile hoffen. Die 'Ndrangheta zeichnet folglich das Bild einer naturwüchsigen, im Laufe der Zeit den Raum mehr und mehr erobernden Einheit, die Mafia hingegen das einer Kulturleistung, die durch Klugheit, Unerbittlichkeit und Mobilisierung von Menschenmassen erbracht wurde. Doch während Bäume ausschlagen, auch wenn sie irgendwann im Wald unsichtbar werden, sind Kulturleistungen ungeachtet des von ihnen produzierten Deutungsreichtums früher oder später erratische Dokumente, gleich ägyptischen Gräbern.[53]

Spätestens mit Bernardo Provenzanos Verhaftung 2006 trat die sizilianische Mafia in die Epoche ihres Nachlebens. Mit ihr geht ebenso die Geschichte der palermitanischen »famiglie storiche« zu Ende, einschließlich der Geschichte der Corleonesi und ihrer Cosa Nostra, die sich in der zweiten Hälfte des 20. Jahrhunderts im sogenannten Mafiakrieg gegen ihre Vettern in der fünfzig Kilometer nördlich gelegenen Provinzhauptstadt durchsetzte. Wenn stimmt, was viele Staatsanwälte glauben und was bis heute von Investigativjournalisten behauptet wird, hat sich die Cosa Nostra schließlich so übernommen, dass sie ihr eigenes Schicksal besiegelte. Salvatore »Totò« Riina (1930–2017), genannt »die Bestie« oder auch, wegen seiner geringen Körpergröße, »der Kurze«, trat 1992 eine beispiellose Gewaltwelle gegen Vertreter staatlicher Behörden los, gegen einen Regionalpräsidenten, gegen die Staatsanwälte Giovanni Falcone und Paolo Borsellino, die beide zu Symbolfiguren für den Kampf gegen die Mafia wurden. Eine Drohung soll schließlich auch Giulio Andreotti erreicht haben, den am längsten regierenden italienischen Ministerpräsidenten. Dessen enigmatischer Charakter – besonders in Filmadaptionen wird gern auf eine nachgerade spanisch-katholische Einstellung hingewiesen: Die Macht, wie sie auch sei, stammt von Gott – steht im Zentrum aller Mutmaßungen um Verhandlungen zwischen Staat und Mafia, bei denen Letztere vor allem Hafterleichterungen, aber auch politische Vorteile, zumal auf Sizilien, erreichen wollte und ihren Forderungen mit Terrorakten, »Präventivschlägen« gegen Justizbeamte und Hinrichtungen ehemaliger Getreuer, sprich: korrupter Politiker, Nachdruck zu verschaffen suchte. Trotz allen Aufwands, trotz des in Palermo geführten sogenannten Maxiprozesses – mit über 600 Angeklagten und Haftstrafen von insgesamt mehr als 2000 Jahren – steht ein verlässliches Wissen über diese Verhandlungen und über den Verdacht, der Staat habe sich erpressbar gezeigt, bislang aus. Das Verhalten der Beteiligten ist mangels Dokumenten in fiktionalen Formaten, in zahlreichen Fernsehserien, Theaterstücken, Kinofilmen, experimentell plausibilisiert worden (besonders

Paolo Sorrentinos *Il Divo* und Sabina Guzzantis *La trattativa* stechen ästhetisch und inhaltlich heraus), inklusive Absprachen und Komplotte, bei denen Gegner aus den eigenen Parteien quasi der Mafia zur Exekution anempfohlen wurden. Aber hier wie im Fall der staatlichen Mitwisserschaft bei den Morden der linksterroristischen Brigate Rosse oder den Massakern der extremen Rechten, die wiederum den Linken zugeschrieben werden sollten, steht letztlich das Urteil über die Souveränität der italienischen Republik auf dem Spiel, der Mythos des Staates, das Gemeinwesen als solches. Und weil es über jedem Wissen einen Glauben geben muss – das gehört nicht nur zu jeder »katholischen Erziehung« (E. Albinati) –, wird diese Frage nach den Fakten wohl auf Dauer unbeantwortbar bleiben. Bewährt aber hat sich für die Erfahrung noch immer die Logik des Kalten Krieges und des kalten Herzens: Der Feind meines Feindes ist mein Freund.

Auf dem Friedhof von Corleone liegen die Überreste der beiden letzten Protagonisten der Mafia nur zehn Meter voneinander entfernt. Bernardo Provenzano, der nach zehn Jahren in Haft starb, und Totò Riina, die Bestie, 2017 im Hochsicherheitsgefängnis von Parma nach vierundzwanzig Jahren verstorben, sind in ihren Familiengräbern geborgen, bewacht von wohlmeinenden Engeln, die Blumen über sie streuen oder Fürbitte halten.

Sie, deren Gesichter durch jahrzehntelange Flucht öffentlich entstellt waren – nachdem sie selbst die Gesichter und Körper ihrer Opfer von Kugeln zerfetzen und in Säurebädern hatten auflösen lassen –, haben durch ihr Ableben das Recht auf ihre Gesichter zurückerworben, die sie nunmehr in Medaillons über (Totò Riina) oder unter (Provenzano) denen anderer Familienmitglieder präsentieren. Hier ruhen Opfer und Täter scheinbar einträchtig beieinander, so wie die Corleonesi von noblem Geblüt – jene Landbesitzer, für und gegen die die »Cosa Nostra« arbeitete – ihre hochauftürmenden Privatkapellen neben den nicht minder ansehnlichen errichteten, die eine fromme Bruderschaft dem Gedenken der Armen oder eine andere den Handwerkern gewidmet haben.

In Corleone, in dieser von engen Straßen und geduckten Kirchen gekennzeichneten Stadt, die den Lebensernst des spanischen Barock genauso atmet wie die Gleichgültigkeit einer über Gerechten und Ungerechten aufgehenden Sonne, derentwegen ringsumher das Getreide sprießt – Corleone war die Getreidehauptstadt der Insel – und zeitig verdorrt, führen sämtliche Wege ins Tal der Toten. Über den Friedhofsmauern sieht man die Stadt und die bizarr anmutenden Hügel, das Weideland des Rocca dei cavalli, wo Bernardo Provenzano gefasst wurde. Aber das Land bildet nur die Kulisse für die im geschützten Raum einsinkenden Gräber samt ihrer verbleichenden Namen und Fotografien, über die sich ungehindert die Erde hermacht, vielleicht, weil ihre Nachkommen, wie so viele aus dem Hinterland Palermos, ausgewandert sind: früher nach Amerika, heute nach Norditalien, Frankreich oder Deutschland. Die Kinder Provenzanos haben zeitig das Weite gesucht. Einer studierte Sprachen und arbeitete als Lehrer in Deutschland. Die Kinder Totò Riinas hingegen wollten ihren Vater imitieren und stellten Ansprüche in Corleone. Wenig erfolgreich darin, wurden sie in Norditalien straffällig. Man weiß bis heute nicht, ob nicht vielleicht Provenzano den »capo dei capi«, den Boss der Bosse, Totò Riina, an seine Häscher verraten hat, weil er die Taktik der gewaltsamen Eskalation nicht teilte – Tatsache ist, dass die Strategien der Väter, Unsichtbarkeit und Verschlossenheit bei Provenzano, »prepotenza«, Anmaßung und grundlose Gewalt bei Riina, bei den Söhnen ein Echo fanden.

Die Riina-Rizzo (Rizzo ist der Nachname von Riinas Frau), sie sprechen heute über ihren Vater. Vielleicht, weil sie ohne ihn wirklich kein Gesicht hätten. Ein Sohn sitzt lebenslänglich im Gefängnis, eine Tochter malt schlichte (oder schlechte) Bilder, die sie via Internet verkauft, und ein anderer Sohn hat ein Buch über das Familienleben geschrieben. *Riina Family Life* heißt es, und schon der Titel verrät die Anleihen beim amerikanischen Trash-Fernsehen. Aber ist es die typische Geschichte sozialer Emporkömmlinge, deren Kultur gleichwohl ihren Ursprüngen auf immer verhaftet bleibt? Ist es »Mafiaporn«, nach dem Bürgertum *und* Unterschicht auf je eigene Weise lechzen? Auf jeden Fall ist das Buch ein Einsatz im Kampf um die Erinnerung. Seit Anfang des Jahres 2000 begann man in Corleone mit der Umbenennung von Straßenzügen, eine zentrale Piazza ist heute Borsellino und Falcone gewidmet, auch ein Zentrum für die Erforschung der Mafia und Antimafia wurde in einem prestigeträchtigen Palazzo untergebracht. Im Jahr 2018 wurde die schmucklose Straße oberhalb des Belvedere, in der heute noch Riinas Ehefrau Ninetta wohnt, nach einem Opfer ihres Mannes benannt. Und schließlich verfügte man, dass die Madonna della Grazia nicht mehr unter dem Haus vorbeiziehen dürfe. »Allein Gott darf meinen Mann richten«, sagte Ninetta mehrmals nach dem Maxiprozess. Diese Haltung haben ihr nicht nur Mafiosi als ehrenhaft angerechnet, und zwar nicht als Gattin Salvatore Riinas, sondern als Frau. Dass sie nun aus dem Stand der Gnade stürzt, weil der Gatte der *damnatio memoriae* anheimfällt, wird nicht überall gutgeheißen. Der Sieg der Antimafia-Gedächtnispolitik auf Sizilien ist jedenfalls ein Sieg der Toten über die Toten, und wo er die Lebenden trifft, sind auch die Lebenden sozial tot.

Salvo Riina, der Autor von *Riina Family Life*, zeichnet zwar nicht das Bild eines liebenden, aber doch eines pflichtbewussten Vaters: »Was ich bin, schulde ich ihm und meiner Mutter, die es mir in meiner Kindheit haben an nichts fehlen lassen.« Das heimische Leben erscheint wie das einer gut geführten Soldatenfamilie, der häufigen Umzüge wegen. Darüber am Tisch zu sprechen sei allerdings unpassend gewesen. Der Lebensgeschichte des Vaters – immerhin zählte dieser zu Salvos Geburt bereits siebenundvierzig Jahre – ist das erste Drittel des Buches gewidmet; sie wird zwar nicht als Heldengeschichte erzählt, ist aber nach dem Modell des Briganten gestaltet, der als sozialer Außenseiter gegen Ungerechtigkeit ankämpft.

Die Riinas gehörten tatsächlich zu den kleinen Bauern, Salvatore »Totò« Riina verlor früh Vater und Bruder und seine kriminelle Karriere begann an einem für Corleones Agrarindustrie schicksalhaften Scheideweg. Denn dort setzte sich mit Placido Rizzotto (1914–1948) ein junger Gewerkschafter für die Besetzung und Verteilung von Land unter den lokalen Pächtern und Habenichtsen ein. Damit gefährdete er den Dienstleistungszweig der Mafia, deren Mitglieder sozial häufig noch geringerer Herkunft waren. Der Umstand, dass viele spätere Mafiosi in Corleone nichts oder wenig zu verlieren hatten, viele nicht einmal Kleinbauern waren, erklärt ihre Aversion gegen Linke und Gewerkschafter und lässt sie mitunter den ersten Faschisten in der Emilia um 1920 ähnlich erscheinen. Im Unterschied zu diesen erwartete sich die Mafia indes von Anfang an weder etwas vom Staat noch von den Notabeln. Stattdessen betrieb sie die eigene Sache – »cosa nostra«. Dass sie sich weder mit den einen noch mit den anderen identifizierte, geht vermutlich darauf zurück, dass ihre Protagonisten eben nicht auf dem Land lebten, sondern mit ihren Opfern und zeitweiligen Partnern eine zumindest halbstädtische Erfahrung teilten – die der sizilianischen *agrotowns,* in denen nach getaner Arbeit Landbesitzer, Bauern, Tagelöhner einander über den Weg liefen und in der jede soziale Gruppe die andere von klein auf nachahmte und mit ihr konkurrierte. Es war eine hochkompetitive, in gewisser Weise moderne, wenngleich geschlossene Welt, in der man Verhaltensweisen ausbildete, die durchaus auch außerhalb nützlich wurden. Und Corleone war als Stadt schon Anfang des 20. Jahrhunderts für gewalttätige Auseinandersetzungen berüchtigt, für Männer, die am Abend mit der »lupara« – der abgesägten Flinte, die Hirten klassischerweise zum Schutz vor Wölfen verwendeten – zunehmend durch die Straßen zogen, um ihre Feinde zu stellen. Riina senior begann seine Laufbahn mit Rinderdiebstahl und illegalen Schlachtungen. Das waren klassische Methoden, mit denen die Mafia die Konkurrenz groß und den Preis für den eigenen Service hoch zu halten trachtete. Zugleich verschafften sie Lustgewinn und einen vollen Magen. Noch nicht volljährig, tötete Riina einen Gleichaltrigen, worauf mindestens dreißig weitere selbst begangene und in Auftrag gegebene Morde folgten.

Davon steht in *Riina Family Life* kein Wort. Ebenso finden die »Mafia« oder »Cosa Nostra« auf zweihundert Seiten gerade acht Mal Erwähnung. Stattdessen tummeln sich blumige Auslassungen über die Mutter, deren Zugehörigkeit zu einem Clan ausgespart bleibt. Dass im engeren Umkreis mafiöser Familien die Außenwelt streng abgeschirmt lebt, man sich gegen den Hinterhalt in mafiösen Allianzen nur mit verwandtschaftlicher Verquickung wehren kann – Luciano Leggio, Riinas erster »Pate«, hatte seinen eigenen Boss liquidiert – und dass die Selbstreferenzialität mafiöser Lebenswelten eine Bedingung dafür ist, um noch nach Verrat und Mord »normal« zu bleiben, zu alldem finden sich allenfalls indirekte Hinweise. Allerdings fehlt nicht die nachträgliche Herabsetzung der »pentiti«, der Reuigen, die der Cosa Nostra ein Ende bescherten und die angeblich in Italien straffrei davonkämen. »Wenn ein Mafioso zur verachtenswertesten Sorte Mensch gehört, warum soll einer, der den Mund aufmacht, auf einmal die reine Wahrheit sprechen?«, schreibt Salvo Riina. Das Argument kursierte vermutlich auch zu Hause. Und wenn Totò Riina so sprach, dann lachte er wahrscheinlich nicht, sondern blieb genauso unbewegt – ein »unbewegter Beweger«, dieser »capo dei capi« –, wie er in dem von seinem Sohn geschilderten Moment verharrte, als er im Fernsehen den ausgebrannten Kadaver des Autos von Giovanni Falcone sah. Aber vielleicht ahnte er ja, dass er einen Pyrrhussieg errungen hatte.[54]

Salvo Riina erzählt also doch etwas, nämlich das Schweigen. Das Schweigen soll die Schuld in Zweifel ziehen, das Reden, jegliches Reden, sie beglaubigen. Das geht auch aus den Worten hervor, die der Vater dem Sohn im Gefängnis auf den Weg gab: »A megghiu parola è chidda ca nun si dici« – »Das beste Wort ist jenes, das man nicht spricht«.[55] Das beste ist das geheime Wort, das bewahrte, das nur angedachte. Aber ein Wort bleibt es, und damit liegt es in seiner Natur, gesagt zu werden. Diese Welt, die kurz vor der Sprachwerdung Gestalt gewinnt, ist sie das mafiöse Ideal? Und wird dadurch nicht, wer sie bezeugt, um sie zu beschützen, notwendig zum Verräter – und damit zum notwendigen Verräter?

Ohne den Verrat ist die mafiöse Welt nicht vollständig. Salvo Riina will es sich nicht eingestehen, andere haben es an seiner Stelle getan. Die wachsende Literatur angeblicher Lebensbeichten von Killern, Bossen, Mitläufern – angewachsen, seitdem sie kaum noch um ihr Leben fürchten müssen – soll diese Welt abschließen, macht sie aber erst möglich. Aufschlussreich ist hier die Autobiografie von Angelo Siino, *Mafia. Vita di un uomo di mondo,* also: Mafia, Das Leben eines Mannes von Welt. Der Begleittext informiert, das Buch sei von Alfredo Galasso, dem Anwalt des Mafioso, konzipiert und komponiert worden, auch etwaige Ungenauigkeiten fielen auf ihn zurück. Die Autobiografie ist also Siinos Erzählung, insofern sie nicht Siinos Erzählung ist. In anderen Worten: Siino ist die Figur, in die Galasso schlüpft, um die Mafia in einer Weise zu erhellen, wie es Siino nur vermag, indem er seine Worte abtritt. Auf Riinas Sprachtheorie antwortet also eine, für die das beste Wort das ist, das niemandem gehört, ja das gesprochen werden kann, weil es keinem gehört – und das genau deshalb die Wahrheit erzählt. Im Grunde genommen folgt diese Überzeugung der ältesten Sprachtheorie überhaupt, nämlich Platons Lehre von der Inspiration, von der Sprache als Resultat einer Besessenheit. Nur dass in diesem Fall der Ort einer rituellen Besetzung kein Orakelheiligtum ist, sondern die Sitzung eines Anwalts mit seinem Mandanten, die Situation vor der richterlichen Anhörung. Hier findet die Angleichung oder gegenseitige Einverleibung statt, die vielleicht als säkulares Mysterium am ehesten an den Geist der Eucharistie anschließt, an das Geheimnis der Transsubstantiation. Zumindest innerhalb der Welt der Mafiosi.

Angelo Siinos Leben beginnt am westlichen Ende Siziliens, zwischen Palermo und Trapani, als Sprössling einer »ehrenwerten« Familie. Die mütterliche Seite hat eine bedeutende mafiöse Karriere vorzuweisen, einschließlich einiger Bündnisse mit jenen Kräften, die den Alliierten im Juli 1943 die Landung auf Sizilien ermöglichten, und zeichnet sich durch Wohltaten für die Arbeiter in den Schwefelfabriken im Landesinneren aus. Im Kampf um Territorium und Einfluss zählt sie allerdings auch Tote. Der Vater hat einen weniger illustren Hintergrund, er ist ein krimineller Bauunternehmer. Über die Rolle des Jungen entscheiden sein Talent, die Sorge der Mutter und die relative Randständigkeit, die die Familie dank des mehr auf Geschäft als auf Machterwerb ausgerichteten Vaters innerhalb der mafiösen Ordnung einnimmt. Anstatt »giustiziere« zu werden – im weiteren Sinn meint der Begriff denjenigen, der das Recht durchsetzt, wo es legal nicht vertreten wird, im engeren den Rächer der Toten eines Clans –, wird aus Siino der »ministro dei lavori pubblici«. Als solcher kümmert er sich darum, dass Aufträge der öffentlichen Hand für die Mafia gewinnbringend ausfallen, sprich: dass Ausschreibungen von vornherein an einen bestimmten Pool an Firmen gehen, aus denen wiederum die auszuwählen sind, die sich zur Zahlung bestimmter »tangenti«, Schutzgelder, an die Mafia verpflichten.

Es geht also um die Zusammenarbeit mit kommunalen und regionalen Politikern, vor allem mit solchen, die das »Allgemeininteresse« gegen den Staat definieren und Wohltaten für konkrete Personen, Firmen, Netzwerke, ganz abgesehen von ihnen selbst, für sinnvoller halten als das Machtmonopol des Staates oder infrastrukturellen und sozialen Fortschritt. Was, so könnte man das gute Gewissen der Beteiligten mit einem Wort Philip Merlans beschreiben, sei Fortschrittsglaube anderes als Unhöflichkeit gegenüber den Toten? Angelo Siino wird zum Verbindungsglied zwischen mafiösen Familien und öffentlichen Amtsträgern, in deren Reihen sich direkte mafiöse Affiliationen immer weiter verdünnen. Und auch Siino selbst wird nicht punktiert (»puncito«), wie es im »Gergo« heißt (auch hier wieder ein Ausdruck der Selbstverachtung). Er ist der Mafia genealogisch verbunden – und heiratet selbst wieder in eine Familie aus niederem Mafiaadel –, aber ohne formal, also: rituell aufgenommen zu werden. Diese latente Zugehörigkeit macht ihn zum idealen Werkzeug. Sie erlaubt ihm auch, seine Eigeninteressen zu pflegen, solange sie niemandem in die Quere kommen, und sie begrenzt seine Aufstiegsoptionen. Innerhalb der »Organisation« wird er gar keinen Anlass haben, es weiter zu bringen, innerhalb der staatlichen Verbünde wird er Mittelsmann bleiben. Interessiert ist er vor allem an seinem Privatleben, an Frauen und Autos, am Theater, an einer Idee des sizilianischen Lebens, die in dieser vierhändig verfassten Autobiografie den Abstand zwischen Leser und Erzählung minimiert, eben weil sie den Hintergrund des Erzählten abgibt.

»Lebendig blieb mir das Gefühl des klaren und eisigen Wassers und von etwas, das nicht mehr existiert«, erinnert sich der Protagonist seiner Kindheit in San Giuseppe, einer kleinen Gemeinde zwischen Palermo und Corleone. Im Verhältnis zur Natur wird nicht klar, wer wessen zuerst überdrüssig war: die Natur des Menschen oder umgekehrt. Denn der Fluss ist nunmehr »im Sommer ein Rinnsal, oft stinkend aufgrund der Abwässer jeder Art, die er mit sich führt, und im Winter ein Sturzbach«. Existiert, wo man in Blutrache und Schuldzusammenhänge geboren wird, nur ein *paradise lost*? Siinos Erzählung kommt aus der baumarmen, von sanften Hügeln und erratischen Granitblöcken rhythmisierten Landschaft, die dem Menschen fremder wird, je mehr er sie sich anzueignen bemüht. Oder die er in der Aneignung nur vergewaltigt, weil sie sich grundsätzlich, ohne Zweck und ohne Botschaft entzieht. Partnerschaftlich, gar »ökologisch« gestaltet sich hier kein Verhältnis zur Natur, und damit ist vielleicht auch schon ein Grund genannt für die bisweilen überschießende menschliche Grausamkeit, mit der man sich darüber hinwegtäuscht, dass dieses Land nie ganz das eigene wurde.[56] Sizilien, auch das gehört zur Geschichte der Mafia und Angelo Siinos, ist eine dauerhafte Kolonie, eine *colony of the mind*, in der die Kategorien von Eroberer und Erobertem scharf getrennt werden sollen, angefangen bei der Landschaft (die Trennung in *agrotowns*, in denen die Bauern wohnen, und die weiten, abends leeren Felder und Flächen um sie herum) über die Geschlechtertrennung, ja bis zum Verhältnis von Familie und Staat. Diese grundsätzlich kompetitive Welt hat es in ihrer Konzentration auf segmentäre Gruppen (beispielsweise Familien) den Kolonisatoren aus Arabien, Spanien, Amerika und Norditalien leicht gemacht, wobei der Zustand, der diese Kolonisierung begünstigt hat, zugleich auch die Mittel hervorbringt, um gegen sie anzukämpfen. Auch das gehört zu dem kalten Fluss, in dem fortwährend etwas nicht mehr existiert. Es gehört zur unablässigen Nostalgieproduktion der Mafia, zu dem von ihr gepflegten Abglanz des höheren Lebens – etwa, wenn Angelo Siino seine spätere Gattin aus einer Theaterloge erspäht, die ihm die Kirche Dantes oder Petrarcas ersetzt –[57] und zu ihrer moralischen Indifferenz. Anders, als man oft vermutet, ist diese den Protagonisten ja durchaus bewusst. Und dieses Bewusstsein ist vielleicht ihre höchste Anklage gegen einen Gott, an dessen Existenz sie zwar glauben, von dem sie sich aber genauso oft verstoßen fühlen. Die Heiligen- und Madonnenbilder in Provenzanos Kate muss man ernst nehmen, sie sind keine Heuchelei. Sie sind das, was von der Religion geblieben ist. »Nur Gott kann meinen Mann richten«, darauf hatte Ninetta Rizzo, Salvatore Riinas Frau, bestanden. Aber er möge es dann auch tun.

Die Kirche der Mafia ist bis auf den heutigen Tag die Kirche der Volksfrömmigkeit geblieben, mit ihren schrillen Gegensätzen und ihren aufwendigen Vermittlungen. Sie ist ebenso klientelistisch wie existenzialistisch. Jedenfalls ist sie nicht die Kirche der Theologen, der Kardinäle oder Päpste, die, wie Johannes Paul II. 1993 den leidgeplagten Sizilianern ankündigte, die Mafiosi exkommunizierte – worauf die Mafiosi in Palermo sich erstmals anschickten, Priester zu töten und damit die Seelsorger von »Politisierung« abspenstig zu machen, was zu einer bis heute anhaltenden Kluft im süditalienischen Katholizismus führte. Die Mafia hütet die Gottesferne und damit den sichtbarsten Teil der religiösen Wahrheit.

6. Bannen, Beschwören: Von der Literatur der Mafia zur Mafialiteratur

‚Ncapu a lu Re c'è lu viceré – Über dem König thront der Vizekönig. Leonardo Sciascia schreibt in einer Auslegung sizilianischer Sprichwörter – Sprichwörter, die im Laufe seines Lebens nicht verschwunden sind, sondern im Gegenteil ihre Langlebigkeit erwiesen haben – vom

> Paradox einer absoluten Wahrheit in der Geschichte der süditalienischen Regionen. Der ferne König, der anwesende Vizekönig. Der König, der einzig Gott rechenschaftspflichtig ist: entsprechend gut und gerecht, wenn er von etwas weiß, wenn er es schafft, zu wissen, wenn man zu ihm vorgelassen wird. Aber dazwischen gibt es den Vizekönig: tatsächlich mächtiger, indem er verhindern kann, dass Proteste und Bitten zum König vorgelassen werden, und indem er dem König Ungerechtigkeit, Härte, Betrug empfiehlt oder in seinem Namen begeht.[58]

Zweierlei Schweigen, zweierlei Rede also: die durch den Vizekönig verhinderte Rede, sprich: die zum

Schweigen gebrachte Bitte, und das Schweigen des Königs, der auf das Absolute hört, es zusammen mit dem Bittsteller erhört. Die wahre Rede des Königs gegen die falsche des Vizekönigs; die durch den Vizekönig genötigte falsche Rede des Untertanen vor seinem König, die wahre Rede des Untertanen vor dem Vizekönig, der wissen muss, was nicht zum König dringen darf. Der Vizekönig bringt den Untertan zum Sprechen (und in der Folge zum Schweigen), zwingt ihn zum Geständnis.

Sciascias Werk kreist um diesen Komplex aus Schweigen, Rede und Inquisition.[59] Als Hintergrund dient ihm die spezielle koloniale Situation Siziliens, über mehrere Jahrhunderte hinweg. Aus diesem Grund gehört er mindestens ebenso sehr zur italienischen Literatur wie zur postkolonialen Weltliteratur des 20. Jahrhunderts. Sein bevorzugtes Genre war der Kriminalroman, der *giallo*. Aber er war es eben als Kolonialroman, in dem es darum geht, welche Rede dominiert, welches Wissen zirkuliert, um zu verhindern, dass die Kolonialisierten die Härte der Kolonisatoren zu spüren bekommen oder die Kolonisatoren den organisierten Widerstand der Kolonialisierten. Gleichsam auf der Rückseite seiner Kriminalerzählungen betrieb Sciascia Folklorestudien (mit *Occhio di capra* als vielleicht schönster Erläuterung von Volksweisheiten), folgte in Essays und kurzen Erzählungen der Bedeutung sizilianischer Redewendungen und zeigte, wie sehr der Dialekt die ganze Welt enthält. Auch das ist Aufklärung im Sinne der Dekolonialisierung: darzustellen, dass die niedere Welt bereits alle Momente höherer Kultur in sich trägt.[60]

Einer seiner berühmtesten *gialli* erschien 1961, *Il giorno della civetta* (dt. *Der Tag der Eule*). Er berichtet von der Ermordung eines Unbequemen, der sich zusammen mit seiner Kooperative der Infiltration der Mafia widersetzt und hin und wieder auf ehrliche Weise zu einem Bauauftrag kommt. Das stellt offensichtlich eine Gefahr dar für die Korrumpierung des Geschäftslebens und damit für die *big men*, die sich zwischen die legalen Aktionen stellen und sie lieber auf ihre Weise regeln wollen – durch Empfehlungen, »raccomandazioni«, deren Nachdruck sogleich deutlich wird. Ein untadeliger Kommissar vom Festland, der sich zudem als Partisan im letzten Weltkrieg um die Befreiung und Einigung der Italiener bemüht hat, dröselt Millimeter für Millimeter der mörderischen Befehlskette auf. Zu spät bemerkt er, dass die in Rom von der Regierungspartei organisierte nationale Politik mit den lokalen Logiken der Mafia kompatibler ist als die Durchschlagskraft des Gesetzes. Auf der einen Seite wird Kommissar Bellodi (der »schöne Tag«) vom passiven lokalen Widerstand gegen die Ordnungshüter – eine Haltung, die er aufgrund der Repressalien unter dem Faschismus gut versteht – dazu gezwungen, sich selbst als Eindringling in unschöner Gestalt wahrzunehmen: als »barricieddu«, als Hund, wie schon die Dominikaner der Inquisition als »Hunde Gottes« (*domini canes*) repräsentiert wurden. Der Staat, so räsoniert Bellodi, setzt sich mit Gewalt durch, und seine Gesetze schützen eine Freiheit, für die es kein Bewusstsein und also auch kaum Notwendigkeit gibt. Denn

> die einzige Institution, die im Bewusstsein des Sizilianers wahrhaft lebendig ist, ist die Familie: aber lebendig eher als dramatische Verknotung von Vertragsverhältnissen denn als natürliches oder gefühlsmäßiges Aggregat. […] Innerhalb dieser Institution der Familie übersteigt der Sizilianer seine naturgegebene und tragische Einsamkeit und fügt sich, in einer raffinierten Form von Verträgen, ins Zusammenleben.[61]

Die Familie erscheint durchaus als ein Ort der Sittlichkeit, um es mit Hegels *Philosophie des Rechts* zu sagen, aber einer solchen, in die eben nicht das Licht der Idee der Freiheit scheint. Dieses ist verdunkelt, sodass – oder weil? – ihm auch nicht die Erfahrung der politischen Teilnahme gegenübersteht, die man im öffentlichen Leben machen könnte, also auf der Ebene des Staates. Die Idee der bürgerlichen Gesellschaft fehlt übrigens in Bellodis Reflexion über Sizilien ebenso wie bei Rousseau, dessen Werk Sciascia gut kannte. In ihr bildeten sich idealerweise Subjekte, die zwischen der familiären Empfindsamkeit, dem Wohlwollen und der Güte, und dem öffentlichen Handeln geschult werden, Menschen, die die Ressourcen für die eine Sphäre aus dem je anderen Bereich entnehmen. Die bürgerliche Gesellschaft mag substanzlos sein, aber darum gilt auch, dass, je weniger sie selbst wiegt, ihre Rolle als Mittler, als Medium, durch das sich ein vollständiges Subjekt auszubilden vermag, umso stärker profiliert wird. Und es ist deshalb die bürgerliche Kunstform des Romans, die Sciascia über den Umweg des Kriminalromans einführt, der von den niederen Formen der »fatti«, von »fait divers« oder von »Cronache« seinen Ausgang nimmt, die es Sciascia erlaubt, Bellodi als vollständiges, eben auch sentimentales, die Widersprüche aushaltendes Subjekt zu entwickeln. Dafür aber muss Bellodi in der bürgerlichen Gesellschaft, sprich nach der Rückkehr unter seine norditalienischen Landsleute, dieselbe Einsamkeit erfahren wie der Sizilianer in seiner Familie: die Inkommunikabilität dessen, als was man sich fühlt, und stattdessen die Vielzahl sich überlagernder sozialer Adressen.

Bellodis sizilianische *éducation sentimentale* ist nur möglich, weil er eben kein Kettenhund des Staates ist. Er will nicht Büttel sein des Vizekönigs, sondern den Zugang zum König, zu Gesetz und Wahrheit öffnen. Bellodi mag ein Komplott enttarnen, er mag seine Verdächtigen täuschen, um zur Wahrheit vorzustoßen – am Schluss wird auf höherer Ebene entschieden, dass zwei Morde ungesühnt bleiben, einer, der dem Unbequemen galt, einer, der die Tat vertuschen sollte. Diese Entscheidung liefert Bellodi wie dem Leser den formalen Beweis für das, was materiell von Zeugen und Beschuldigten bestritten wird: den Beweis für die Existenz der Mafia. Selbsterkenntnis im Sinne des bürgerlichen Mediums Roman und Anerkennung der Mafia fallen zusammen.

Aber anders, als Bellodi es sich anfangs dachte, ist die Mafia kein Effekt sizilianischer Verhältnisse. Vielmehr besteht sie in der Kunst, sich in sizilianischen Verhältnissen auszudrücken. Charakteristisch für diese Verhältnisse ist ihre Umständlichkeit, die dem Norditaliener anfangs als gegen ihn gerichtete Feindschaft erscheint, zunehmend aber als Eigenschaft der sozialen Techniken des Südens aufgeht. Es wimmelt von Etiketten, von Gefälligkeitsregeln, von Anerkennung, die nicht so sehr auf vergangene Meriten denn auf zukünftigen Beistand spekuliert, kurz, die immerzu im anderen eine Gelegenheit für die eigene Handlung ausmacht (genauso wie viele Spitznamen auf zurückliegende Handlungen verweisen). Es handelt sich um einen Überschuss an Imaginärem, der aber letztlich, anstatt eigene Handlungen zu ermöglichen, diese erdrückt. Darin besteht die Tragik des Einzelnen in dieser Sozialwelt. Und die Mafia presst sich immer wieder in dieses Imaginäre, in den Verrat, den Ehebruch, die Passion, den gewöhnlichen Klientelismus, um unsichtbar zu werden bzw. mit einem partikularen Imaginären identisch zu erscheinen. Dadurch erhält sie einen paradoxen Anschein von Natürlichkeit und Nichtexistenz, weil etwas, das so sehr zum Fatum des Menschen gehört, nicht auch noch handelnd bewirkt werden kann.

Die Anerkennung der Mafia als Schein ist es demnach, die Bellodi als Romanfigur im Sinne der ästhetischen Gattung vorstellt. Hierbei hätte es Sciascia bewenden lassen können. Stattdessen wies er in einem Postskriptum darauf hin, dass *Il giorno della civetta* als Roman gleichsam die Schrumpfform einer »inchiesta«, einer Ermittlung ist, die auf für den Verfasser wahre Fakten verweist und einzig aus Selbstsorge zur Fabel geriet: »perché in Italia, si sa, non si può scherzare né coi santi né coi fanti: e figuriamoci, se invece che scherzare, si vuole fare sul serio«.[62] Deshalb soll man aus dem Roman etwas lernen. Man darf sich an ihm nicht ergötzen. Das Romanhafte, das heißt die Anonymisierung und Verfremdung der anlassgebenden Handlung, korrespondiert dabei mit den anonymen Briefen, die im Text anfangs von sizilianischen Bauern an den Kommissar geschrieben werden, um Licht in das Verbrechen zu bringen. Solche Praktik führt der Erzähler zurück auf die »Schrecken der erbarmungslosen Inquisition«. Aber dennoch, so hält er fest, schreiben sie, »sie vergessen zu unterschreiben, aber sie schreiben«.[63] Hier scheint eine Situation historisch motivierter Unerlöstheit vorzuliegen. Denn während das gesprochene Wort einem bestimmten Mund zugeordnet werden kann, heißt Schreiben, in das Reich der überpersönlichen Wahrheit einzutreten. Aber was ist eine Wahrheit, für die niemand bürgen mag? Sciascia stellt diese Frage, und mit seiner auktorialen Geste bleibt er der Idee der historischen Wahrheit auch im erzwungenen Schweigen verbunden.

Nimmt man diesen Roman Sciascias, überhaupt seine das ganze literarische Werk durchziehende Beschäftigung mit der Mafia zur Kenntnis, so erstaunt, dass dieser große Schriftsteller Siziliens sich Vorwürfen der Verharmlosung, ja sogar der Komplizenschaft mit dem organisierten Verbrechen erwehren musste. Sie erreichten ihren Höhepunkt im Jahr 1987, nachdem in einer großen Mailänder Tageszeitung Sciascias Artikel über die »berufsmäßigen Antimafiosi« erschienen war.[64] In seiner Rezension einer Studie über das Verhältnis des italienischen Faschismus zur Mafia gelangt Sciascia zu der Behauptung, die ähnliche Interessenlage als Verteidiger (und Erpresser) von

Großgrundbesitzern habe einst dazu geführt, dass Faschisten die Mafia attackierten, um moralisch legitimiert vollends deren Funktion übernehmen zu können. Etwas Ähnliches vollziehe sich, wenn Richter heute durch die explizite Verfolgung der Mafia versuchten, politische Macht an sich zu reißen. Dieser Vorwurf traf vor allem Leoluca Orlando, Schriftsteller und Staatsanwalt, der damals zum ersten Mal in Palermo regierte (er hat dieses Amt heute wieder inne) und sich, wie Sciascia nahelegt, als Heros der Antimafiabewegung ein Feigenblatt vor sein Versagen als Bürgermeister hänge.

Nun waren Sciascias Worte vielleicht übertrieben. Aber sie waren, was die sizilianische Vergangenheit betraf, nicht falsch. Aktivisten, Schriftsteller, Journalisten nahmen ihm allerdings die Gleichsetzung einer vorgeblich progressiven Politikerriege mit dem Faschismus ebenso übel wie die Reduktion der Antimafia – deren schmerzhafteste Verluste, siehe das Schicksal von Borsellino und Falcone, noch ausstanden – auf ein kommodes Geschäftsmodell. Noch Jahre nach seinem Tod bezichtigte ihn Roberto Saviano im Fernsehen, die Isolation und Ermordung der beiden sizilianischen Staatsanwälte erst ermöglicht zu haben. Die Kritiker unterzogen schließlich auch Sciascias literarisches Schaffen einer Relektüre, und so stellte sich heraus, dass *Il Giorno della civetta* »nicht viel zum Kampf gegen die Mafia beiträgt« (Nando dalla Chiesa), ja womöglich eine »Apologie der Cosa Nostra« (Pino Arlicchi) darstellte. Und das umso mehr, als Bellodi, der kluge, aber letztlich erfolglose Mafiajäger, vom lokalen Boss nicht nur besiegt, sondern auch definiert werde: Wer ein »Mensch« ist, das entscheide der als durchaus charismatisch porträtierte Mafioso (auch Arlicchi).[65]

In seinen letzten Lebensjahren war Sciascia ein für alle Seiten unbequemer Autor geworden, dem man ungestraft nachsagen durfte, den Mythos der Mafia diskursiv befeuert zu haben. Dabei hatten all seine Kritiker von ihm gelernt: Sciascias Romane hatten entscheidend dazu beigetragen, die weitverzweigten Netze des organisierten Verbrechens zu erkennen und die Motivation der Mittäter benennen zu können. Am Ende aber war diese imaginativ-moralische Leistung selbst Opfer ihres eigenen Erfolges geworden – vermutlich mehr, als die Mafia durch die Antimafia gesiegt hatte, wie Sciascias Artikel explizit nicht ausschließen wollte.

In mancher Hinsicht wären Sciascias Kriminalerzählungen also zur Mafialiteratur zu zählen, weil man sie nachträglich eben für den Erfolg des von ihnen beschriebenen Phänomens haftbar macht. Die *Mafiacraft* äußert sich dann als sich selbst erfüllende Prophezeiung: als würde Mafia aus der Rede über ihre Möglichkeit zur Wirklichkeit. Tatsächlich aber verbindet Sciascia vor allem ihre folkloristischen Züge – zu denen auch solche der *social bandits* gehören, die für Unabhängigkeit und sozialen Ausgleich kämpfen – mit denen der großen Politik, die nicht selten in den Händen dunkler Mächte liegt. Kirchenfürsten, Minister, Industrielle, sie müssen erst untereinander und dann mit den lokalen Verhältnissen ins Gespräch gebracht werden. Diese Verbindungen erarbeitet Sciascia durch Fiktionen, die die jeweiligen Interessenlagen ausbuchstabieren oder die habituelle Nähe von Würdenträgern und Verbrecherbossen schildern. Sciascia zehrt dabei von Gerüchten und von seiner Kenntnis überkommener Institutionen, die vor den transparenzgierigen Augen einer Massendemokratie abschirmen – und das durchaus realistisch, denn in einem vielfach fragmentierten, in Nischen auseinanderfallenden Land, wo das Konzept der »Ehre« Teil des Standarddiskurses ist, sind jene dem öffentlichen Blick entzogenen Räume der Vermittlung staatstragend und notwendig. Dies umso mehr, weil Italien in der jüngeren Vergangenheit im Mittelpunkt des Kalten Krieges stand, als westeuropäisches Land mit der stärksten kommunistischen Partei, zugleich mit einer der wichtigsten amerikanischen Militärbasen nach dem Zweiten Weltkrieg. Die sizilianische Situation gerinnt daher zu einer gesamtitalienischen, wenn nicht europäischen Metapher

(»Sicilia come una metafora« – um einen weiteren Buchtitel Sciascias aufzugreifen), und die Mafia wird eine Weise, in der sich diese Welt beschreiben und sichtbar machen lässt.

Auch Roberto Saviano versucht, seine Gegenwart anhand der Mafia zu entfalten und die Mafia als Zusammenhang aufeinander bezogener Praktiken zur Erscheinung zu bringen. Auch er setzt lokale und globale Größen in Beziehung, wodurch sie allererst zu Mächten werden. Aber weil er sich weniger als Erzähler begreift, vielmehr die untragbaren Verhältnisse enthüllen will, gelingt ihm kaum ein Kontrapunkt und diffundiert das Konzept der Mafia bei ihm unmittelbar in jenes der Politik. Schaltstellen zwischen Politik und Verbrechen wären Personen in Konflikten, deren Wertesysteme, Loyalitäten und Charaktereigenschaften ein Autor darzustellen hätte. Saviano aber stimmt stattdessen ein Lied an auf die menschliche Verworfenheit.

Roberto Saviano begann mit der Erforschung des Nächstliegenden. Neben seinem Studium war er freier Mitarbeiter süditalienischer Tageszeitungen, mit guten Kontakten zu den Behörden. Mancher Kollege des *Corriere del Mezzogiorno* fragte sich allerdings, wie Saviano es schaffte, stets als einer der Ersten am Tatort zu sein. Zudem begann er ein Doktoratsstudium an der Università Federico Secondo, wo sich ein Arbeitskreis zur

Geschichte der Mafia gebildet hatte. Aus diesen Recherchen entstand *Gomorrha*, ein Buch, das vor allem die gescheiterten Transformationen der neapolitanischen Peripherie beleuchtet. In locker verbundenen Handlungssträngen geht es um die unweigerliche Korrumpierung normaler Personen, die glauben, sich einen persönlichen Vorteil zu verschaffen, indem sie der Mafia auch nur einen Gefallen leisten; um das große Geschäft mit dem Müll, der zur kapitalistischen Überflussgesellschaft gehört und dessen Beseitigung in die Kompetenz einer Gruppe fällt, die von Verdunkelung und Vernichtung lebt; und schließlich um den gescheiterten Plan einer Urbanisierung außerhalb der historischen Stadtzentren (in dem Fall die neapolitanische Trabantensiedlung Scampìa), die statt Bürgersinn nur mehr Einzelkämpfer hervorbringt und im Drogenmorast versinkt. Wenngleich im Buch die Einflüsse verbrecherischer Clans porträtiert werden, war diese Recherche nicht der Anlass für Morddrohungen, die die Polizei ernst zu nehmen hatte. Aus der gleichen Arbeitsgruppe stammte schließlich eine *Storia della camorra* von Francesco Barbagallo (2010), die nicht weniger Geheimnisse enthüllte, vermutlich auch der Eitelkeit manches Beteiligten schmeichelte. Saviano hingegen organisierte Demonstrationen, wie die vor das Haus eines Bosses des Clans der Casalesi, den er öffentlich beleidigte. Die »Fatwa«

gegen Saviano, die ihm lebenslangen Polizeischutz und die Solidarität von Literaturnobelpreisträgern einbrachte, rührte nicht aus seiner literarischen Leistung, sondern aus dem zivilgesellschaftlichen Widerstand gegen ein System der »convivenza« (Zusammenleben) von Verbrechen, Journalismus, lokaler Politik und Bevölkerung. Solange die Taten der Camorra zwar wissenschaftlich eruiert, spekulativ aufbereitet, politisch problematisiert wurden, konnte alles immer auch ganz anders gewesen sein – und jede Mafia verschwendet viel Energie darauf, Fake News in Umlauf zu bringen –, aber sobald jemand seine persönliche Gegnerschaft erklärt und Leute dafür mobilisiert, ist der Toleranzgürtel überschritten.

Saviano weiß, dass das, was ihn in Gefahr bringt, zugleich seine Lebensversicherung ist. Er ist ein engagierter Autor geblieben, aber da er unter Polizeischutz steht, kann er nicht mehr das Feld der Literatur vom Journalismus her beschreiten, sondern muss es umgekehrt tun. Zu literarischen Texten gezwungen, muss er seine frühere Street Credibility einsetzen, beispielsweise indem er über neapolitanische Jugendliche aus schwierigen Vierteln schreibt, die sich nicht als kleine Gauner abspeisen lassen wollen und sich deshalb gezwungen sehen, echte Camorristi zu werden. So geschieht es in *La paranza dei bambini* (2016, dt. *Paranza – Der Clan der Kinder*). Recherchieren konnte Saviano auch für diesen Band nicht, oder einzig, indem er Linguisten und Sozialwissenschaftler als Berater engagierte.

Andererseits nahm sich Saviano vor, die journalistische Form zu einer Art Welttheater zu erweitern. Gerade weil er nicht frei recherchieren kann, rekonstruiert er aus mehreren Quellen weitreichende kriminelle Netzwerke, die neben dem Feld der Politik auch das Alltagsleben einschließen. Der Prolog des dem globalen Kokainhandel gewidmeten Buchs *Zero Zero Zero* (dt. *Wie Kokain die Welt beherrscht*) wendet sich direkt an den Leser, in dem die allgemeine, wenngleich versteckte Voraussetzung für den Drogenkonsum in der spätkapitalistischen Kultur hochnotpeinlicher Selbstoptimierung verortet wird: »Kokain schniefte heute morgen zum Wachwerden derjenige, der jetzt neben Dir im Regionalzug sitzt, der Busfahrer, der Dich nach Hause befördert, weil er die Überstunden ohne Nackenkrämpfe durchstehen will […]. Oder, ganz schlicht, die Person, die es nimmt, bist Du.«[66] Der Leser wird vom Text her zugleich als Opfer und Schuldiger konstruiert, wodurch die Lektüre einen quasi emanzipatorischen Zug bekommt. Die gesellschaftliche Befreiung von Korruption und Geldgier und die individuelle Befreiung von Erfolgsstreben und Egoismus erscheinen dann als die zwei Seiten eines Kampfs gegen die Mafia und ihre sprichwörtlichen Nebelkerzen, ein Kampf, der inquisitorische und pädagogische Qualitäten verlangt und umso glaubhafter und wirksamer ist, je mehr er von außen, aus der Position gesellschaftlicher Marginalisierung und »Unberührbarkeit« geführt wird, wie sie die strenge Erscheinung Roberto Savianos verkörpert. Entsprechend sieht sich der Autor zu eindeutigen moralischen Interventionen angehalten, die für Leonardo Sciascia undenkbar waren, da er letztlich für und aus seiner »sicilianità« heraus schrieb.

Um Mafialiteratur aber handelt es sich bei Saviano, dem meistgelesenen italienischen Gegenwartsautor, zweifellos – denn sein Schreiben wird durch die reale Wirkung der Mafia erzeugt, wobei die Behauptung, es habe selbst diese Wirkung erst provoziert, übertrieben ist. Mafialiteratur ist sie aber auch, weil sie sich zur Literatur aufschwingt, indem sie die gesamte Wirklichkeit als durch ein mafiöses Medium – etwa das Kokain – verzaubert ausweist. Die Beschäftigung mit der Mafia und die Betroffenheit durch sie legitimieren in Italien Savianos mediale Allgegenwärtigkeit, ob er sich nun zum Papst, zum Nahostkonflikt oder zur Rolle Nordamerikas im kolumbianischen Bürgerkrieg äußert. Oder ob er, was deutlich seltener geschieht, eine Erzählung schreibt.

7. Gesunkenes Kulturgut: Die Camorra als Teil der »Napoletanità«

Seit mehr als einem Jahrzehnt gilt Neapel als der Ort, auf den sich Erzählungen über die Mafia ebenso konzentrieren wie die Erzählungen der Mafia selbst. Das gilt für international erfolgreiche Filme und Serien – *La paranza dei bambini* (2019), *Gomorrha* (seit 2014) –, für Songs, für Romane wie die von Roberto Saviano, aber auch für die Werke im Ausland weniger bekannter Autoren wie Maurizio di Giovanni oder Peppe Lanzetta, oder für Giuseppe Missos *I leoni di marmo* (2003). Dabei inspirieren sich Filme an Büchern, Bücher an Filmen, Filme an Songs, Tatsachenberichte an Filmen, Songs und Büchern, Filme an Tatsachenberichten usw. Ein »circuito chiuso« – ein geschlossener Kreislauf, der bisweilen zum Kurzschluss führt. Woran liegt das?

Neapel ist eine Stadt hoher Verdichtung. Das mag man geografisch und urbanistisch begründen – etwa aus der Umschließung durch Hügel, Meer und Vulkanabkömmlinge, die die Stadt wie ein griechisches Amphitheater einfassen. Man kann es sozialanthropologisch erklären, durch die vielfältigen Überlappungen und Verstrickungen von Nachbarschaft und Verwandtschaft, aus denen man schwer einen Ausweg findet – oder wo man, wenn man ihn findet, einen sozialen Horror Vacui erleidet, der einen unmittelbar kehrtmachen lässt.[67] Entsprechende Geschichten sind Legion. Und man kann den »circuito chiuso« zurückführen auf die Dialektik von Fremd- und Selbstbild, von erfahrener Stigmatisierung durch die, die nichts mit Neapel zu tun haben (wollen), und anschließender Selbstmarginalisierung und der Ausbildung dessen, was Michael Herzfeld als »cultural intimacy« bezeichnet: Wenn ihr schon meint, wir seien Kriminelle, dann sind wir es nun erst recht, also seht Euch gefälligst vor. Diese Situation schafft ähnliche Gemengelagen aus Verachtung (der jeweils niederen Gruppe in der Stadt), Selbstverachtung und Solidarität, die für den Neuangekommenen anfangs schwer einzuschätzen sind. Und vielleicht ist es die lange Übung in einem solchen verdichteten Umfeld, die zu dem je nach Akzent stolzen oder fatalistischen Ausspruch führt, der Benedetto Croce, Neapels wichtigstem Philosophen und Kulturhistoriker, zugeschrieben wird: Man könne sich in seinem Leben nur mit einer Sache beschäftigen – mit Neapel oder mit dem Rest der Welt. Wobei für Croce außer Frage stand, dass Neapel die ganze Welt in einer Nussschale enthielte, und er nur eines noch hinzufügte: dass Neapel außerhalb Neapels nun wirklich unrepräsentierbar sei.[68]

Dieser allfällige neapolitanische Selbstbezug und der Bezug auf die durch ihre Neapolitanisierung gefilterte Welt führen zu vielfältigen Binnenreferenzen, bei denen sich allmählich neben den moralischen auch die Gattungsgrenzen aufheben. Was auf neapolitanische Art geschieht – neben Essen und Lieben auch Rauben und Morden –, ist bereits als Kulturgut formatiert. Aus diesem Grund ist Verbrechen in Neapel, zumindest dort, wo es öffentlich verhandelt wird, immer auch Folklore. In *Cronaca di Napoli* oder der nach der altstädtischen Hauptstraße benannten *Roma*, den beiden traditionsreichsten Boulevardzeitungen, firmieren Camorrabosse mit ihren Spitznamen – »il Millionario« oder »il polpettone« (der Riesenklops) – als seien sie Teil einer Soap-Opera, die seit mehreren Hundert Staffeln das Stück »Leben und Sterben in Neapel« aufführt.[69] Die spektakulärsten Seiten der Zeitungen hängen an den Kiosken, grell prangen die Namen der Delinquenten, die verlegen und leise oder laut und verächtlich von Kunden skandiert werden. Die einschlägigen Websites halten es nicht anders. Und selbstredend bleibt das Stück auch den Mafiosi selbst nicht verborgen. Sie wissen sich als Teil der Stadtgeschichte, und mehr noch als aus der Wirklichkeit kennen sie ihre Vorbilder aus der Literatur.[70] Eduardo de Filippos

(1900–1984) Tragikomödie über den *Sindaco del rione Sanità* (dt. *Bürgermeister des Viertels Sanità*, 1960) zum Beispiel porträtierte einen »Guappo«, einen allgemein respektierten Quartiersboss, der verzweifelt Liebenden die Heirat ermöglicht. Und noch vor wenigen Jahren ließ ein Camorrista im selben Viertel den Armen Essenspakete bringen, mit schönem Gruß vom »Bürgermeister«. Man sollte nicht behaupten, dass bei solchen Aneignungen literarischen Feinheiten oder der inneren Ambivalenz des Charakters Genüge getan würde, aber das braucht es auch nicht: Man erkennt sie wieder, wenn man das Handeln der Nachahmer genau anschaut. So erklärt sich zum Teil die Aufhebung der moralischen Grenzen, der allgemein akzeptierten Absage, zwischen »Gut« und »Böse« zu unterscheiden. Schließlich säßen, wie vor wenigen Jahren ein Gefängnisdirektor in seiner Weihnachtsansprache vor lebenslänglich Inhaftierten sagte, wir alle in einem Boot, passierten wir dieselbe Straße, nur der eine auf der Sonnen-, der andere auf der Schattenseite.[71] Hauptsache, man führt das Stück über Leben und Sterben in Neapel auf, mit all den Nachahmungen und Wiederholungen der Tradition, aus denen man nicht entkommt und von denen man weiß, dass sie am Ende offenbaren, was die Geheimnisse von Leben und Sterben im Allgemeinen sind. In Neapel ist alles vorhanden, tritt die ganze Welt jeden Tag vollständig zusammen – und das ist Auszeichnung und Fluch in einem.

Die Verflechtung von Hochkultur, Kulturindustrie und »cultura popolare« ist nirgendwo so ausgeprägt wie im Fall der neapolitanischen Camorra. Das ist eine historische Beschreibung wert. Die meisten der gegenwärtigen Studien über die Geschichte der Camorra verhalten sich positivistisch und drängen ihre kulturbildenden Momente von Vornherein ins Reich der Legende. Damit begeben sie sich der Möglichkeit, die Legende, wenn nicht als Werkzeug der Camorra, so doch als einen der Gründe für ihre Langlebigkeit zu verstehen. Deshalb lohnt es sich, ein 1907 erschienenes, vor fünfzig Jahren in kleiner Auflage wiederaufgelegtes Buch durchzublättern, das als eines der ersten sich den *Origini, usi, costumi e riti dell'»annorata società«* widmete. Ferdinando Russo (1866–1927) und Ernesto Serao (†1926) prägen darin als Journalisten, Historiker und Literaten einen Vorläufer jener »letteratura civile«, einer gesellschaftlich wirksamen Literatur, in deren Zentrum nicht die gute Absicht stehen sollte, nicht die Anklage, sondern die genaue Analyse der Gegenwart – einschließlich der historischen Verzweigungen, von denen sie sich nährte. Als Ausgangspunkt fungiert der Prozess um ein unter Camorristi begangenes Racheverbrechen, für das die »infamia« eines Bosses, sein Verrat an die staatlichen Polizeibehörden, ausschlaggebend gewesen war. Schon damals werden zahlreiche Aspekte genannt, die noch hundert Jahre später in der Literatur zum Thema wiederkehren: die Camorra sei eine Hydra, der aus den benachteiligten Stadtteilen die zukünftigen Mitglieder nachwachsen; sie sei mit einer korrupten Politik im Bunde, von der sie sich geschützt glaubt, die andererseits aber noch mafiöser sei als die Camorra selbst; in ihr herrsche ein Schweigegebot, das es selbst einem halbtoten Camorrista verbiete, den Urheber seines Endes an die Polizei zu verraten. Die Polizei steht den Autoren zufolge stets auf verlorenem Posten, sie muss zu Tricks Zuflucht nehmen (indem sie Camorristi provoziert, etwa durch Annäherung an Frauen und Töchter), sie ist das erste Ziel der camorristischen Ausbildung (minderjährige »guagliuni« und »picciuotti« gehen nach ihren »Kämpfen mit der Polizei« straffrei aus, das animiert sie, ihren Weg im organisierten Verbrechen fortzusetzen). Und glaubt man die Camorra besiegt, so gibt sie nur noch mehr Anzeichen, in sämtliche Bereiche des öffentlichen Lebens, der Auftragsverteilung, der städtischen Politik vorgedrungen zu sein.

Als eines der wichtigen Felder mafiöser Betätigung nennt das Buch die Gestaltung der jahreszyklischen Feste. Sogar die in der Bevölkerung beliebten Wallfahrten außerhalb der Stadt hätten sie usurpiert. Es seien dies ebenfalls Gelegenheiten, sich zu zeigen, Frauen, Kinder, Besitz vorzuführen, hoch zu Ross an den Umstehenden entlangzureiten. Überhaupt scheinen für Russo und Serao die Camorristi auf ihre Effekte bedacht: Waffen seien ein Muss, an den unmöglichsten Orten hielten sie sie versteckt, im Notfall tut es aber auch eine gut nachgearbeitete Spielzeugpistole, die »'mpunitura«. Die unterste Ebene gerade noch anerkannter »malviventi« (»Bösewichter«) stellten jene, die für ihre höherrangigen Auftraggeber die Haut der Gegner oder untreuer Geliebter ritzen: die »sfregiatori«. Es hat also den Anschein, als imprägnierte die Camorra durch die von ihr angeordneten Entstellungen, den zur Schau gestellten Reichtum und die Wohlgeratenheit ihrer »roba« – Besitz, einschließlich Frau und Kind – ihre Umgebung mit Signalen der Unterdrückung, aber auch des Aufstiegs, um somit ihr zerstörerisches Werk im sozialen Leben zu vollziehen. Kinder entfremden sich von ihren Eltern, um zur Camorra aufzuschließen. Die Zurschaustellung von Schrecken und Luxus stellt sie vor eine, meist endgültige, Wahl.

Die Ursache der Camorra erblicken die Autoren in der ökonomischen und intellektuellen Schwäche, die ein Effekt der Kolonialisierung Neapels durch ausländische Mächte, durch die Bourbonen und später durch die Vertreter des Savoyer Königreichs ist. Ähnliche Situationen gäbe es indes vielerorts auf der Welt. Was das Verbrechen in

Neapel jedoch einzigartig mache, sei die zu erwartende Straflosigkeit. Die Ursache dafür erläutern Russo und Serao nicht; allerdings lässt sich aus den Fallschilderungen folgern, dass die Infiltrierung der Mafia in die bürgerliche Gesellschaft, ihre Fähigkeit, Lücken im Recht und in den Praktiken des Übergangs von einer Herrschaft zur anderen ausgenutzt zu haben, entscheidende Gründe seien. Vielleicht sind die besseren Kreise in einer Kolonialstadt besonders anfällig.

Über allem breitet sich der Mantel der Folklorisierung. Diese ist vielleicht am ehesten zu verstehen, wenn man in ihr den Ausdruck des schlechten Gewissens der besseren Kreise sieht. Nicht vordringlich des schlechten Gewissens darüber, die Camorra ernährt zu haben, sondern des schlechten Gewissens gegenüber ihrer eigenen sozialen Rückständigkeit. Das Bürgertum ist in Neapel seit Anfang an eine gescheiterte Klasse.

Dass selbst die Gutwilligsten ihr Schicksal nicht wenden können, demonstrieren Serao und Russo mit ihrem Buch selbst: Es soll aufklärend wirken, tatsächlich arbeitet es Verklärungen zu. Da wäre zum einen die etymologische Versuchung, die Camorra vom kastilischen »kamora«, der Auseinandersetzung, ableiten will. Man stelle sich die weiten, von keiner Zentralmacht beherrschten Steppen Kastiliens vor, in der sich um Privilegien und Gegenstände ein Streit entspinnt, den der Stärkste zu schlichten bereit ist, unter der Maßgabe, ihm einen Teil des Werts zu überlassen – »il diritto di camorra« (das Recht an der »kamora«). Hier hätten bevorzugt lokale Funktionäre mit den Banditen gemeinsame Sachen gemacht (was allmählich die Autorität des Staates aushöhlen musste). Eine andere Ableitung erfolgt über die »gamurra«, eine Art Räuberjacke. Sie führt auf die Spur von Banditen im »alten, mittelalterlichen Spanien«, die ihr Glück als eine Art Raubrittergesellschaft versuchten. Weil Spanien besonders unwirtlich war, hätten sie leichtes Spiel gehabt, eine marode Infrastruktur zu personalisieren: Wegezoll zu erpressen, um die von ihnen kontrollierten kleinen Räuber in Schach zu halten, Begleitschutz anzubieten, Tierherden zu weiden und vor Diebstahl zu verteidigen. Die Autoren übertragen einige Praktiken der sizilianischen Mafia in ein im historischen Ungefähr belassenes Spanien, um sie dann in der Stadt am Golf wieder auftauchen zu lassen: »Ihr Prinzip: organisierte Erpressung«. Und entgegen den auf der iberischen Halbinsel gelegentlich anzutreffenden »lampi di generosità«, der »Rechtschaffenheit in der Unehrlichkeit« – angespielt wird hier auf den »sozialen Banditismus«, aber auch auf Phänomene wie die von Cervantes im *Don Quixote* (1605) beschriebene »Garduna«, eine Sevilller Bruderschaft, die ihre Beute mit Klerus und Polizisten teilte –, bedeutet Neapel den Eingang zum Verfall.[72]

Ferne Abkünfte, literarische Zitierfähigkeit, sie zeugen zwar nicht von einer ›guten‹ Camorra, aber sie legen immerhin nahe, dass man sich ihr mit ähnlichen Mitteln nähern kann. Dabei scheint es, als projizierten die Autoren ihr Bedürfnis, der Mafia eine höhere Herkunft und damit »Ehre« zuzusprechen, in deren eigenes Konzept einer »ehrenwerten Gesellschaft«. Das wird auch dann noch deutlich, wenn die Ehrfähigkeit abgesprochen wird. So erklärt Russo: »Für jene Unwissenden [die Camorristi] besteht Ehre darin, sich fürchten zu lassen, den eigenen Müßiggang auf die Arbeitenden abzuwälzen, der Gesellschaft den offenen Krieg zu erklären: Das Messer ist das Schwert zur Eroberung höchster Ehren; der Kerker ist der Aeropag jener Ritter des Verbrechens.«[73] Es fragt sich allerdings schon aufgrund des rhetorischen Dekorums, wer hier wessen Sehnsüchte bedient: die höheren Stände die der Mafia oder die Mafia die der schreibenden Bürger? Ist es vielleicht so, dass der unerklärliche Aufstieg mancher Personen in der Stadt nur »camorristisch« erklärt werden kann und üble Nachrede sich festsetzt, dass der Krieg gegen die Umstände in einer latent anarchischen Gesellschaft herbeigesehnt wird, möglicherweise, um eine neue Ordnung zu errichten? Unterschwellig mögen diese Motive eine Rolle spielen. Serao und Russo zeigen sich häufig als enttäuschte Republikaner,[74] vertraut mit den zahlreichen Versuchen Neapels, sich gegen Fremdherrschaft und Ehrverletzung zu behaupten – immerhin begreift man sich als Erben einer Stadt, die im 17. Jahrhundert Paris an Glanz und Einwohnerzahl übertraf. Doch wissen diese Erben auch, dass diese Ausflüge ins Reich der Selbstbestimmung oft am gleichen Sonntag endeten, an dem sie begannen – was nicht nur den Gegnern vorzuwerfen war. Die Enttäuschung über die republikanische Schwäche, über einen Mangel an Durchsetzungsvermögen, spielt in der Auseinandersetzung mit der Camorra in viele Texte mit hinein, bis heute.

Ferdinando Russo fügt der historischen Darstellung Seraos Bonmots, gelegentlich Gedichte hinzu. Bis in die jüngere Zeit galt er als Neapels begabtester Dialektdichter. Das Genre bringt es mit sich, in die affektiven, sozialen, aber auch akustischen Masken der beschriebenen Realität zu schlüpfen. Dialektdichtung ist Explorieren durch Imitieren.

L'uoglio

I

Ve site mai truvato carcerato
Cu na ventina e bammenielle attuorno
Ca appena ca ve site presentato
Fanno 'o ruciello pe ve fa nu cuorno?

> »Guaglìo, che d'è Pecché t'hanno pigliato?
> Chi sì? Ch'e fatto?« E passa o primmo juorno.
> A notte n'uocchio ha survigliato a n'ato,
> o juorno appriesso accumencia a taluorno!
>
> O picciuotto e jurnata se ne vene:
> »L'uoglio p'a lampa, tanto! O pranzo mmano,
> o ttabacco, e denare … Te cunvene?«
>
> Si faie o nzisto so gguardate storte;
> Po' quann' è ascuro, e dorme o guardiano,
> te truove sulo … e so' mazzate e morte!⁷⁵

Dass sich diese Maske später auch in umgekehrter Richtung verwenden lässt, nämlich zu dem Zweck, um das durch die Dialektdichtung angehäufte Wissen über die Camorra zu reaktivieren und sich in der fremden Spiegelung des Eigenen zu ergehen, ist mehr als ein nicht intendierter Folgeschaden. Die Umkehrung belegt vielmehr Neapels Unentrinnbarkeit. Ernesto Serao bestätigt das in jenen Kapiteln, in denen er die »Typen und Charaktere der Camorra« vorstellt. Am Beispiel der Verschränkung von »Gentiluomo-Camorrista« und »Camorrista-Gentiluomo« wird nämlich vorgeführt, wie ein zwar prestigesüchtiges, wirtschaftlich aber keineswegs konsolidiertes Bürgertum in die Hände von Wucherern und anderen Emissären des mehr oder weniger organisierten

Verbrechens geraten kann – und dabei entweder seine Geschäfte mit ihnen teilen muss oder seine Familienmitglieder.[76] Der »Gentleman«, der zum Verbrecher wird, imitiert die *res gesta* berühmter Camorristi, er hat endlich ein Bild, wie er unter finanziellem oder sozialem Druck sein Gewaltpotenzial ausagieren kann: »e beve, e fuma, e sorseggia, ed ascolta racconti di gesta eroiche; e si promette di imitare O' Bruttone, che uccise col cannello della pipa quattro gendarmi …«[77] Der Camorrista-Gentleman hingegen sucht seinen durch illegale Aktivitäten forcierten sozialen Aufstieg durch kultivierte Umgangsformen und inszeniert erlesenen Geschmack zu ummanteln. Oder anders: Für diesen Geschmack ein Publikum zu finden, ist eigentlich das Ziel seines Aufstiegs.

Der amerikanische Anthropologe Thomas Belmonte, der der neapolitanischen Unterschicht eine bis heute gültige Studie widmete, sagte einmal, man könne die Armen letztlich nicht ohne die Reichen studieren.[78] Am Beispiel der Camorra als großstädtischer Mafia scheint dies auf ihre gesamte Geschichte zuzutreffen: Die aus der Unterschicht rekrutierten »picciotti«, die sich als »palo« (Schmierensteher) oder als »sicario« (Auftragsmörder) hocharbeiten, pflegen dabei eine Idee des Wohlstands, die auch auf Seiten jener, die ihn vorzeigen, in erster Linie Zitat ist. Denn das Bürgertum hat in Neapel keine Idee seiner selbst hervorgebracht, es bleibt vordringlich auf den adeligen Lebensstil bezogen. Diesen Umstand drückt ein berühmtes Theaterstück schon im Titel aus: *Miseria e nobiltà* (Eduardo Scarpetta, UA 1888). Die Entgegensetzung von Elend und Adel grenzt das Bürgertum aus und lässt zugleich erahnen, warum gerade das Verhältnis von bürgerlichen Kreisen zu unteren Klassen so prekär ist: wenn beide auf die »nobiltà« bezogen sind oder bezogen sein wollen, beziehen sie sich zum einen nur über diese aufeinander, wie sie zum anderen jeweils für sich Zugang zur »nobiltà« und deren Prestige und Ressourcen gewinnen wollen. Dieser indirekte Bezug zweier Klassen, der noch dazu über ein kulturelles Imaginäres vermittelt ist, eröffnet neben einer Unzahl an Spaltungen und Fragmentierungen auch ein gigantisches Spiegelkabinett.

Der Roman, literarische Form des Bürgertums, der Aufstieg und Fall, Emanzipation und Individualisierung erzählt, gelangte nicht bis nach Neapel. Dafür barst die Stadt vor kleinen Formen – *cronache* und *cronachette*, Moritaten, Gedichte, *canzoni* – und szenischen Darbietungen: Neapel ist bis heute die Stadt großer Theatermacher, die ihren Kompagnien Stücke auf den Leib schreiben und im In- und Ausland tournieren. Das Bedürfnis nach unmittelbarer Verwertung war aber keinerlei Schnelllebigkeit geschuldet.

Eher vielleicht dem Umstand, dass das Leben vielfach mehr als ein Aufglimmen von Ereignissen verstanden wurde denn als ein Eisen, das es zu eigenem Gebrauch zu schmieden galt. Immer wieder zog etwas Ähnliches vor dem Auge vorbei, es ergab sich auch so etwas wie eine Handlung, nur eben keine, in der Differenzierungen erfolgten, unvorhergesehene Verläufe, seien es Wege nach draußen oder Wege nach oben. Darüber hinaus befestigten die *cronache* das Gefühl einer städtischen Gemeinsamkeit: ein Leben, das alle Klassen teilten, weil alle darauf blickten. Dieser Blick, in dem man sich als gemeinsam erkennt, ohne sich anzusehen – vielleicht liegt darin das Geheimnis für die Beständigkeit der neapolitanischen Gesellschaften.

8. *A tale of two bosses*

Die Camorra ist nicht die Mafia. Darauf macht der italienische Soziologe und Politiker Isaia Sales in seinem Klassiker *Le strade della violenza. Malviventi e bande di camorra a Napoli* (2006) aufmerksam. Auch *die* Camorra gebe es nicht, jedenfalls nicht in Form einer vertikalen Struktur. Für Russo und Serao stellte sich dieses Problem nicht, denn bis 1915 hatte es den Anschein, es existierte eine vereinigende Kraft in der Stadt, die sich regelmäßig in Versammlungen, zugehörigen Repräsentanten, kurz: einer Verbrecherdemokratie ausdrückte. Sales hingegen versteht unter Camorra die zeitweilige Bündelung der am Ort einer gescheiterten Modernisierung ohnehin anzutreffenden illegalen Aktivitäten. Diese Bündelung geschieht dann jeweils durch Beutegemeinschaften oder Clans. Von längerer Dauer ist sie höchst selten.[79]

Der Mythos zahlreicher Verbrecherorganisationen speist sich aus den Geschichten ihrer starken Männer. Das ist auch bei der Camorra nicht anders. Der einzige Unterschied mag darin bestehen, dass in diesem Fall die starken Männer selbst ihren Ruhm verbreiten wollten, die öffentliche Meinung zu lenken suchten. Sie waren Handelnde und PR-Agentur in einem. Möglicherweise hat genau das sie am Ende einsam und ihre Organisationen machtlos werden lassen.

Wie erwähnt, besteht die Camorra traditionell aus Beutegemeinschaften von beschränkter Reichweite, die lokale illegale Phänomene in ihrer räumlichen Nähe kapern: Diebstahl, Zigarettenhandel, Prostitution, Sicherheitsdienstleistungen, am liebsten im Rahmen eines Stadtviertels. Dieser lokalen Verankerung verdankt sich auch die Möglichkeit, als *social bandit* wahrgenommen zu werden – jeder kennt diese Leute, jeder hat mit ihnen zu tun, man kennt ihre Familien. Es gibt deshalb auch keine unendliche Ausbeutung der ansässigen Wirtschaft. Erpresst, um Schutzgeld (»tangenti«) gebracht, werden in der Regel Neuankömmlinge oder eben an sich schon zwielichtiges Gewerbe (etwa Spielhallen). Der Bevölkerung eines Stadtviertels mag das durchaus zusagen. Nach außen tritt die Camorra dann als Vertreterin eines sozialen Mikrokosmos auf, der aufgrund einer miserablen ökonomischen Lage als quasi naturgemäß vorgestellt wird. Die Camorra verteidigt den sozialen Status quo, aber sie hat – und das unterscheidet sie laut Sales von Mafia und 'Ndrangheta – kaum politische Interessen. Sie strebt nicht danach, die regionale Politik gefügig zu machen, sondern möchte kurzfristig von oftmals lange bestehenden Strukturen profitieren. Weil sie sich mit diesen identifiziert – kulturell und historisch –, ist sie radikal gegen den Staat eingestellt, ohne aber danach zu streben, ihn durch einen eigenen zu ersetzen. Dieser anarchische Zug trägt dazu bei, dass man vor der Camorra nicht nur erschrickt, sondern sie als eine besonders prononcierte Seite der eigenen Staatsferne (oder gar -feindschaft) verstehen zu können vorgibt. Womöglich auch deshalb hat sich in Neapel, einer Stadt, die selbst laut ihrem Bürgermeister am besten im Zustand regulierter Anarchie verweilt,[80] nie eine nennenswerte Opposition gegen die Camorra gebildet.

Mit dieser Ruhe und Selbstgenügsamkeit war es in den 1970er-Jahren vorbei. In dem unterhalb des Vesuv gelegenen Ort Ottaviano wuchs der städtischen Camorra ein Widersacher heran, der sie zu einem Bekenntnis zwingt. Raffaele Cutolo (1941–2021) stammte aus bäuerlichen Verhältnissen, beging in jungen Jahren seinen ersten Mord (manche sprechen von Totschlag: in jedem Fall war das Opfer ein junger Mann, der die Schwester beleidigt hatte) und entwickelte im Gefängnis eine Strategie, mit der er beinahe Neapel eroberte. Er begriff nämlich, wie in Neapel der Übergang des organisierten Verbrechens vom Zigarettenschmuggel und -verkauf hin zur Drogenkriminalität die Clans zunehmend zu Handlangern der sizilianischen Cosa Nostra machte. Der Spielfilm *I contrabbandieri di Santa Lucia* (1979) von Alfonso Brescia führt beispielhaft vor Augen, wie die »guten«, ihrem »Guappo« gehorchenden Kleinkriminellen sich weigern, die aufgrund gestiegener Transportkosten ökonomisch weniger interessant gewordenen Zigaretten gegen den Vertrieb von Waffen und Drogen einzutauschen. Diese werden über Nordafrika oder den Nahen Osten geliefert, mit sizilianischer Beteiligung. Der Anführer der *contrabbandieri* einigt sich sogar auf eine Zusammenarbeit mit dem FBI, nur um die drohende Zerstörung seiner über Jahrzehnte gewachsenen sozialen Basis, seines Viertels, durch Heroin und Kokain zu verhindern – und die in Neapel einzeln aus den Fenstern der ebenerdigen »bassi« verkauften Zigaretten zurückkehren zu lassen. Diese folkloristische Variante des zeitgenössischen Konflikts, der im Kern nichts anderes darstellt als die Frage, ob die Camorra einer »höheren Integrationsstufe« (Norbert Elias) fähig sei, diente Cutolo als Ausgangspunkt seiner Nuova Camorra Organizzata.[81] Sie bekämpfte den Fremdeinfluss, indem sie Transport und Distribution illegaler Güter – darunter selbstverständlich auch Heroin und Kokain – vereinigte und die Unterklassen der Stadt nicht mehr nach Quartierszugehörigkeit aufteilte, sondern vor die Wahl stellte, als Jagdgenossen mitzumachen oder Beute zu sein. Die alte Solidarisierung von Camorrista und Bevölkerung wurde nicht aufgekündigt, sondern dynamisiert. In gewisser Weise nahm Cutolos Erscheinen in Neapel dadurch eine messianische Färbung an: Jetzt war der Tag der Entscheidung und des Urteils. – Dabei weisen Stadthistoriker zu Recht darauf hin, dass diese Durchdringung erst durch die Veränderung der soziostrukturellen Bedingungen ermöglicht wurde, sprich: durch den Bau städtischer Peripherien für bestimmte Einkommensgruppen, die massenweise Verwandlung ursprünglicher Übergangszonen zwischen städtischem und ländlichem Raum in *outskirts*, am offenkundigsten in Scampía.[82]

Dass Cutolo, von Neapels Stadtzentrum aus gesehen, von außen kam, war eher von Vorteil. Fast alle Volkshelden, Tribunen, Heilige und Propheten Neapels stammen aus einer relativen Fremde und öffnen für eine noch größere: Das gilt für den wundertätigen Arzt Giuseppe Moscati nicht weniger als für Masaniello und selbst Maradona.[83] Wichtig ist, dass sich die Stadt mit ihren Eigenschaften in ihnen wiedererkennt. Aus ihrer Fähigkeit, Fremdes sich anzueignen, gewinnt die Stadt ihren Optimismus – und das ist nicht einmal neapeltypisch, sondern gilt in hohem Maß für alle vormodernen Gesellschaften. Ihre »Napolitanità« stellen ein Heiler und ein Fußballer natürlich anders unter Beweis als ein Camorrista, durch ihre Großzügigkeit, ihre Fähigkeit, aus Steinen Gold zu machen, ihre Demut; Cutolo hingegen schaffte es, indem er ein Versprechen abgab und sich als Teil der neapolitanischen Kultur präsentierte.

Das Versprechen der Nuova Camorra Organizzata lag in ihrem Versicherungscharakter. Die »affiliati« arbeiteten für Cutolo, und ihre Familien bekamen, auch im Fall von Gefangenschaft und Tod, weiterhin Unterstützung. Das Ende war dabei einkalkuliert – wie ein Journalist auf den Spuren der »Cutoliani« schockiert festhielt, gab sich die in den Peripherien ansässige Jugend überzeugt, sie würde ohnehin nur dem Tod entgegengehen: »Ein Menschenleben ist hier nichts wert. Was ich mit meinen dreiundzwanzig Jahren gesehen habe, reicht mir, und ich bin schon tot. Jetzt lebe ich ein wenig, ein Leben auf Abruf.«[84] Rückblickend kann man in den 1970er-Jahren eine Phase der Südamerikanisierung Italiens erkennen: Die Effekte eiliger Urbanisierung in Mailand, Rom und Neapel machten sich in den »anni di piombo«, den bleiernen Jahren geltend, in denen Italien ein Schauplatz der weltweiten Blockkonfrontation und ihrer geheimdienstlich organisierten Intrigen zwischen der extremen Linken und dem Neofaschismus wurde. Im Wissen um die beschränkte Souveränität, zumindest was die Rahmung des eigenen Handelns betraf, blühte ein Heroismus der reinen

Tat, nicht selten in Weltuntergangsstimmung. Die Jugend der neapolitanischen Peripherien empfand millenaristisch, ähnlich wie die Anhänger der Brigate Rosse. Der Übergang zwischen Kriminalität und politischem Terrorismus war fließend.[85] Doch obwohl millenaristisch gesonnen, waren sie zugleich bereit, in Cutolo selbst das Versprechen zu sehen.[86]

Und hier der zweite Punkt: Cutolo verkörperte neapolitanische Kultur. Er tat es nicht nur, indem er sich als den Mann darstellte, der Neapel der sizilianischen und kalabresischen Einflusssphäre entziehen würde, sondern auch, indem er die Tradition einer vorhistorischen Camorra wieder aufleben ließ. Cutolo sorgte für einen Initiationsritus – man brach Brot und Wein –, er gab Interviews, in denen er sich als Robin Hood präsentierte,[87] und er schrieb Gedichte, die an die Camorra-Maske Fernando Russos anschlossen. Die Eigenleistung dabei ist umstritten,[88] unstrittig aber ist, dass diese Texte einen hohen Anteil an seiner Popularität besaßen. Sie zirkulierten als »graue Literatur«, als *Poesie e pensieri* unter den Parteigängern. Manche berichten, dass sie ihnen bei der Aufnahmezeremonie überreicht wurde. Diese Praktiken lassen ein nicht unwesentliches Kondensat der Camorra als Ideologie erwarten, wenngleich das Ergebnis der Überprüfung wenig Überraschendes bereithält.

Vor allem regeln die *Poesie e pensieri* das Verhältnis zwischen Anführern und »Soldaten«.[89] Sie benennen die Einsamkeit des Anführers, der seinen Seelenfrieden opfert und seinen Hund als einzigen wahren Getreuen preist. Das kann man als Niederschlag agrarischer Erfahrung lesen, auch der Einsamkeit, die den Mann in einer auf Segregation der Geschlechter basierenden Gesellschaft heimsucht, zumindest wenn er zugleich von anderen Möglichkeiten des Familien- und Ehelebens weiß. Cutolo wusste das nicht, diese Gedichte entstanden noch vor seiner Ehe. Vertrauen soll er damals einzig zu seiner Schwester Rosetta gehabt haben.[90] Er vermengte also den Einsamkeitstopos des »Guappo«, wie er nicht nur dank Eduardo de Filippo in der neapolitanischen Literatur überliefert ist, mit dem des »solo e pensoso«, wie er die italienische Lyrik seit ihren Anfängen im späten Mittelalter auszeichnet. »Dichten« und »Denken« aus der Begegnung mit der vegetativen und kreatürlichen Welt, das soll auf schlichtere Gemüter auch den Anspruch einer Weisheitslehre ausüben – dass dabei die der angeblichen Natur der Dinge verpflichtete Nuova Camorra Organizzata dem künstlichen Anspruch des Staates gegenübergestellt wird, überrascht nicht.

Interessant ist Cutolos lyrische Produktion, wo sie sich direkt seinem Wirken zuwendet: Transport und Verkauf von Kokain, der Droge, die in

Neapel gerade in der zweiten Hälfte der 1980er-Jahre wie Kaffee konsumiert worden sein soll. Cutolo eroberte sich städtische Absatzgebiete gegen den Clan der Giuliano, der aus dem Viertel Forcella heraus operierte und sich gegen die »Organisation« aus Ottaviano, die aus Gleichaltrigen, Brüdern und Cousins bestehende Sippe, in Stellung brachte: La Nuova Famiglia. Aus der Zeit zwischen den Jahren 1984–1991, als Diego Armando Maradona in Neapel die Rolle des Stadtheiligen vertrat – des Heilsbringers, der seine Mitspieler im Stadion zu Leistungen anspornte, die sie sich ohne ihn niemals zugetraut hätten –, sind einige Fotos überliefert, die die enge Verbindung des Giuliano-Clans mit Fußball und Prominenz bezeugen, jenen großen Enthusiasmus, auf den, wenn nicht ein Katerfrühstück, so doch der einsame Abgang der Helden folgte. Kokain wurde Teil dieses Mythos. 1984 widmet Cutolo der Droge ein Gedicht:

Polvere bianca

polvere bianca
ti odio!
Sei dolce e sei amara
come una donna
sei pura e sei buio.
Giovani odiatela
la polvere bianca

sì! Vi fa volare
per poi farvi
ritornare nel buio più cupo.
Vola per l'aria
limiti di un'anima
fatta a pezzi
si tocca il fondo
i fatti diventano voragini buie …
e poi di colpo
i dolori si placano
e il cielo è un'esplosione di luce
poi più nulla.
L'indomani
solo un trafiletto sui giornali
l'ennesimo giovane morto per droga.
Polvere bianca
ti odio.[91]

Während eines seiner zahlreichen Gefängnisaufenthalte hatte »o' Professó« das Gedicht der römischen Tageszeitung *La Repubblica* zugesandt. Es ist schlicht, aber keinesfalls kunstlos gebaut, man könnte es als Warnung lesen, aber eigentlich ist es doch ein Versprechen: das Kokain als »Frau«, »rein und dunkel«, das »Dich fliegen« und die »Schmerzen verschwinden« lässt, eine todbringende Gefahr, bei der das Leben für einen kurzen, einen letzten Augenblick immerhin »in einer Explosion von Licht« endet. Wenn das lyrische Ich das »weiße Pulver« hasst, dann, weil es eine so starke affektive Anziehung ausübt, einen Daseinsüberschuss anzeigt, der unerreichbar bleiben muss. Unklar ist, ob diese Unerreichbarkeit in eine soziale Frage übersetzbar ist – das Ende, das vom »soundsovielten jugendlichen Drogentoten in den Zeitungen« berichtet, ließe sich in diese Richtung deuten – oder ob nicht das Kokain das einzige Medium darstellt, das zu solcher Wahrheitseröffnung fähig ist (hierauf wäre die Essenzialisierung als »Frau« ein Hinweis). In jedem Fall ist die Droge nicht unwirklich, sondern wirklichkeitseröffnend, und richtet sich an ›ganze‹ Männer. Die Überschneidung von Drogenrausch und Nahtoderlebnis erfolgt im Zeichen einer Kriegsmetapher (»l'esplosione«) und bindet das Kokain somit an den Kampf in den Gassen Neapels. So weit entfernt von der expressionistischen »Kokain«-Lyrik des Ersten Weltkriegs, von Georg Trakl oder Walter Rheiner, ist das nicht.[92] Auf seine Weise ist »Polvere bianca« durchaus ein gelungenes Gedicht.[93]

Die Mehrdeutigkeit, die Cutolo zu einem passablen Lyriker werden ließ, begleitete ihn auch als »Paten«. Vielleicht ermöglichte sie allererst, dass er zur bestimmenden Figur im organisierten Verbrechen Italiens aufstieg. Man konnte seinen Reichtum bewundern – Cutolo kaufte zum Beispiel alte Schlösser, die er Familienmitgliedern überschrieb – und zugleich seine Einfachheit loben (entgegen den filmischen Darstellungen, die ihn im Gefängnis als eine Art Luxushäftling porträtieren, sprechen ehemalige Insassen von seiner Schlichtheit und seinen aufopferungsvollen Kochaktivitäten). Man konnte in ihm den Freiheitskämpfer, den Befreier der Metropolregion Neapel aus dem Zugriff fremder Mächte sehen – und ebenso seine dubiose Rolle als Vermittler zwischen staatlichen Institutionen und terroristischen Gruppen studieren; und man konnte ihn als Auftraggeber grausamer Morde beschreiben (es hieß, er habe einen seiner »sicarios« darauf abgerichtet, seinen Opfern das Herz herauszureißen und zu verzehren) –, um eben eine Sekunde später einen zwar vielleicht nicht empathischen, aber gefühlsbewussten Autor zu entdecken.[94] Die bis heute nachwirkende Treue mancher Adepten zu Cutolo scheint unablösbar auf diese Mehrdeutigkeit bezogen zu sein. Subkutan ließ sie bis zum Gefängniskrankenhaus von Parma die Erwartung wuchern, dass »o' Professó« aus dem Hochsicherheitsgefängnis als Erlöser zurückkehren werde.

Im Gegensatz zu nahezu sämtlichen anderen »capi« hat sich Cutolo nie als »pentito«, als Reuiger, gezeigt, weder auf der Gefängnisinsel Asinara noch in der für alte Mafiosi vorgesehenen Anstalt von Parma. »Selbst Totò Riina sagt, man habe ihn schlechter behandelt als ihn selbst«, berichtet ein Vertrauter im Gespräch. Und nicht einmal, als seine Verwandten umgebracht wurden, habe er der Staatsanwaltschaft einen Hinweis gegeben, denn:

»Mit dem Staat verhandelt man nicht.«[95] Diese immer wieder ausgesetzte Kommunikation mit einer nichtmafiösen Öffentlichkeit unterbricht Cutolo indes als Lyriker. In regelmäßigen Abständen, hieß es aus den Redaktionen des *Mattino* oder der *Repubblica,* träfen Gedichte aus seiner Zelle ein. Sehr selten druckte man sie ab. Im letzten Jahr, befürchtend, dass sie den Mythos des Mafiafürsten mehrten, verzichtete man gänzlich darauf. Dafür erschienen rasch Buchsammlungen. Zuerst natürlich jene, die sein Anwalt aus den *Poesie e pensieri* sowie weiteren Texten erstellt und von einem renommierten neapolitanischen Verlag drucken ließ. Damit sollte vor Gericht argumentiert werden, eine solch empfindsame Seele könnte die ihr zugesprochenen Verbrechen nicht ohne Weiteres begehen. Später übernahmen ehemalige Getreue, aber auch nachwachsende Cutolo-Enthusiasten die Herausgabe. Sie entstammen teilweise der Kunst- und Musikszene, sind ohne kriminelle Vergangenheit und präsentieren Cutolo vordringlich als Symbol kampanischer Identität. Um Sammlungen wie *Poesie dal carcere* realisieren zu können, liefern sie sich juristische Auseinandersetzungen mit Präfekten und Gefängnisdirektoren, verbünden sich mit Cutolos Ehefrau (er heiratete sie im Gefängnis, gemeinsam haben sie eine Tochter) und vertreiben ihre Bücher, bis sie durch die Klage ehemaliger Opfer oder des Staates zur Klandestinität gezwungen werden. Die jüngeren Texte sprechen nicht mehr aus der »persona« des Camorrista, sondern aus der des in Gefangenschaft Verewigten, der Seinesgleichen ebenfalls als Statuen wahrnimmt.

Supercarcere

Cime bianche.
Irreali e lontane
Guardano da un cielo bucato
di stelle.
Un quadrato di cemento
immobile
Nel verde scuro della campagna.
Pallida è la luna
Nella luce spettrale dei riflettori.
Uomini armati e silenti
Marciano sul camminamento
Del muro di cinta.
Lucciole di sigarette accese
Tracciano arabeschi rossastri
Nella notte cupa.
Finestre aperte,
Vuote come orbite di teschi
Osservano i cortili deserti.
Cento scatole grigie chiudono
Le vite di uomini stesi sui letti
Con i cuori dove
Non palpita più il sangue![96]

Gelegentlich wird diese Leblosigkeit durchbrochen vom Affekt des Ehemanns oder des nach Hause strebenden Kindes:

> Il tempo
>
> Ha sgranato i giorni
> Sul tuo corpo,
> Mamma!
> La clessidra distratta,
> Ha sgranato per te
> Solo giorni d'inverno.
> Il vento ha piegato
> Le tue ossa,
> La neve è caduta
> Sui tuoi capelli,
> Il gelo ha indurito
> Il tuo cuore.
> Ora vivi
> Estranea alla vita
> E, come cariatide, forte
> Aspetti che io ritorni …
> Mamma, ti prego, perdonami![97]

Gedichte wie diese leisten, davon zeigen sich die »Cutoliani« von heute überzeugt, Abbitte für den einmal eingeschlagenen Lebenswandel. Die konkreten Untaten bereuen sie allerdings nicht. Das ist auch der Grund, weshalb Textsammlungen wie die *Poesie dal carcere* regelmäßig von den Behörden aus dem Verkehr gezogen werden – sie sind und bleiben Angriffe auf das Gewaltmonopol des (Rechts-)Staats. Mit dem gleichen Argument werden auch biografische Interviews untersagt, schließlich würde jede Verlautbarung am Mythos des Unbeugsamen arbeiten. Und tatsächlich belehrt ein Blick in die Presse vor allem der 1980er-Jahre, dass Cutolos Ansehen nicht zuletzt auf einem virtuosen Spiel mit Journalisten beruht. Das beginnt bei den mit Giuseppe »Joe« Marrazzo geführten Interviews für das Regionalfernsehen – »Diese Zuneigung, die Ihnen entgegenschlägt, wenn Sie ins Gericht kommen …« – »Sehen Sie, das ist meine große Freude: dass die Leute mich lieben« – und reicht bis zu den Gesprächen mit seinem Biografen Francesco de Rosa, in denen sich Cutolo zu seiner ›Erwählung‹ äußert: »Ho visto venire incontro a me quattro cavalieri con lancia e scudo, con mantelli neri stretti sulle spalle. Mi hanno guardato, sorriso. […] Ecco, io sono la reincarnazione delle pagine più gloriose della storia napoletana, […] sono il vero giudice che toglie agli strozzini e dà ai poveri.«[98] In all diesen Fällen sind Ironie und Manie nicht messerscharf zu unterscheiden. Cutolo bleibt ungreifbar. Also entzieht man ihm das Wort.

Gegenüber dem »Professore« aus dem Hinterland, aus dem Schatten des zugleich lebensspendenden wie tödlichen Vesuv, wo Grundbesitz und Abstammung wichtige Parameter für den sozialen Aufstieg darstellen, gab Lovigino Giuliano (geboren 1949) lange den »scugnizzo«, den Straßenjungen, der Schlagfertigkeit und Handlungsschnelligkeit während des Überlebenskampfes in den Gassen gelernt hatte. Sein eigentlicher Name lautete Luigi, in Kurzform: Gino. Eine Amerikanerin auf Urlaub aber brachte, nachdem sie dem Charme des noch jungen »rrè« (König) von Forcella erlegen war, nur das Geständnis hervor: »I love Gino.« Lovigino hatte mit dem Aufbrechen von Autos, dem Abmontieren von Reifen und Ersatzteilen begonnen und damit eine Familientradition der Kriegs- und Nachkriegszeit fortgesetzt: »Wir haben«, gab er später zu Protokoll, »in Forcella sämtlich von Fiat gelebt.« Schnell organisierte er zusammen mit seinen Brüdern den ortsansässigen Schwarzmarkt. Daneben aber gab es von Beginn an einen Hang zum klassischen Wort. Mit Giuseppe Misso, der später vor allem die nördlichen Bezirke des Zentrums kontrollierte und sein erbitterter Gegner wurde, will er vor dem Spiegel Shakespeare geübt haben.[99] »Damals schien tatsächlich ein der Kunst geweihtes Leben möglich, aber stattdessen ...« Als er die Nuova Famiglia gegen Cutolo in Stellung brachte – ein »Bandenkrieg«, der anfangs 20 Tote, in den späten 1980ern mehrere Hundert Tote jährlich kostete –, schrieb er Lieder und versuchte sich als Komponist. Mit Maradona usurpierte er das Symbol für den kulturellen Wiederaufstieg Neapels, entzog es dem Kreis der auf süditalienischen Eigensinn und mediterrane Ökumene erpichten Musiker und Künstler und bot ihm das ausschweifende Leben einer Barockstadt feil. Maradona wurde von Giuliano mit Kokain versorgt; als das ruchbar wurde, ließ er ihn fallen. Beobachtern fiel auf, dass Lovigino sich in Aktivitäten steigerte, die jeweils seine Bühne vergrößerten – neben Kunst und Fußball kaufte er sich in die lokale Sektion der Sozialistischen Partei ein, die ihn dann dafür bezahlte, dass er wieder austrat – wobei er ein Gefühl für das richtige Timing behielt: Bevor ein negativer Effekt für die kriminellen Machenschaften drohte, stieg Giuliano aus. Seine Leutseligkeit – ein Boss zum Anfassen – war echt, aber noch wichtiger scheint es ihm gewesen zu sein, das Heft des Handelns zu behalten, der »rré« zu sein.

Es gibt ein inzwischen leicht angejahrtes Foto, das Lovigino Giuliano mit einer Nietzsche-Ausgabe auf der Piazza Bellini zeigt. Der Ort ist das Zentrum des mondänen Neapel, von Caffès und Buchhandlungen gesäumt, wo aus den Übungssälen des berühmten Konservatoriums zu jeder Tageszeit Klavierklänge herüberwehen. Gleichzeitig ist es ein Ort inmitten der Altstadt, eine Kontaktzone von Volks- und Hochkultur, von Studenten und »femminielli« (den lokalen Transgendern), die bis vor wenigen Jahren ihr mageres Einkommen als Kleinkünstler mit dem Verkauf einzelner Zigaretten aufbesserten. Kein anderer Ort in Neapel steht so ein für den Wunsch, zu arrivieren, und kaum ein anderer macht deutlich, wohin man wieder zurückfällt. Giuliano scheint die Nähe des Übermenschen zu suchen, jenseits von Gut und Böse, als Einzelner und Einziger. Als Hochseilartist. Vielleicht wäre Max Stirner die bessere Wahl gewesen.

Im Gegensatz zu Cutolo wendet sich Giuliano nicht an die Seinen. Sein literarisches Interesse soll möglicherweise seine anderweitige Karriere krönen. Es soll zeigen, dass er auf anderen als gewöhnlichen Wegen in die Nähe der Hochkultur gekommen ist. Dass er Motive, von denen diese spricht, besser kennt als ihre gewöhnlichen Claqueure, ist unbenommen. Giuliano wendet sich an sie, er lässt als Literaturdarsteller das Verbrechen hinter sich. Das gilt noch deutlicher für seinen Gedichtband *Le ciliegie del dolore* (»Die Kirschen des Schmerzes«, 1993), für den Alessandro Quasimodo, Sohn des Nobelpreispoeten Salvatore Quasimodo (1901–1968), das Vorwort schrieb. Von einer »menschlichen und bürgerlichen Katharsis« nach einem Leben am Rand der Legalität ist darin die Rede, von der »Erkundung einer inneren Religiösität«.[100]

Bei der Präsentation seines Gedichtbandes in der städtischen Feltrinelli-Buchhandlung musste Giuliano passen, er befand sich – einem noch aus der Zeit des Faschismus stammenden Rechtsinstitut gemäß – in Verbannung (»confinato«), in der Provinz von Campobasso. Dort besuchte ihn der Kulturanthropologe Stefano de Matteis und traf einen alles andere als reuigen Camorrista. Giuliano beklagte sich, aus seinem Reich vertrieben worden zu sein, zu seinem Namenstag standen dennoch kilometerlang Autos Schlange, deren Insassen ihm mit Geschenken – gastronomischen Köstlichkeiten, Schmuck – huldigten und ihre Treue versicherten. Die feudale Anmutung, der vor allem offensiv von seiner Frau geäußerte Verdacht, unangemessenerweise aus dem Königtum verstoßen zu sein, machten auch deutlich, worum es dem Dichter Giuliano gegangen ist: um die Anerkennung als »uomo universalis«.[101]

Das Phänomen des Camorra-Bosses mehr als das jedes anderen Mafia-Führers besitzt starke Anklänge an die Idee des »Renaissancemenschen«. Die Idee selbst ist ein Rezeptionsphänomen, aus einigen Jahrhunderten Abstand gewonnen: Jacob Burckhardt beschrieb in seiner *Kultur der Renaissance in Italien* (1860) die Geburt eines von ethischen Imperativen befreiten Menschen, der gerade darum der reinen Kunst dienen konnte, und er beschrieb diese Emanzipation als wesentlich von verbrecherischen Energien getrieben, die erst im und dann gegen den Clan, sprich: die Familie ausagiert wurden. In der Studie geht es um die Handlungen der Borgia, der Sforza und anderer hochgeborener Abkömmlinge. Und es geht um sie nicht als Erben, denen die Reichtümer in den Schoß fallen, sondern um die Energie, dieses Erbe sich anzueignen. Vor dem Hintergrund der europäischen Gründerzeit, einer Zeit von Krediten, Verschuldungen, mit einem Wort: großen Wetten auf die Zukunft, beschreibt Burckhardt den Renaissancemenschen als skrupellosen Unternehmer seiner selbst. Und er findet zugleich eine Möglichkeit, diesen Egozentrismus zu rechtfertigen: nicht in einer daraus entstehenden Politik der Sorge um das allgemeine Wohl, sondern in deren ästhetischer Rechtfertigung. Diese Männer verstanden, so Burckhardt, ihr Handeln als gut, weil es schön war; und schön war es, weil es mutig war und ob seiner Souveränitätsgesten auf das Göttliche deutete. Aus diesem Grund waren diese Männer häufig ebenso sehr Künstler wie Mäzene.

Sicher wäre es übertrieben, Cutolo oder mehr noch Giuliano eine tiefere Kenntnis der deutschsprachigen Renaissancerezeption nachzusagen. Sie haben sie gar nicht erst nötig. Zudem ist Burckhardts Ansatz eben doch dem Kulturprotestantismus als Krisenphänomen verpflichtet, nämlich der Frage, was als Modell übrig bleibt, wenn

Traditionen aufgekündigt sind (die Heiligen, die Kirchenväter) und einem, allein vor Gott stehend, einzig das große Nichts entgegenschlägt. Dann ist Ästhetisierung womöglich eine ernsthaft zu erwägende Option. Auf der anderen Seite mag man einwenden, dass der (süd-)italienische Katholizismus selbst von zahlreichen Krisen durchzogen ist. Vor allem muss er, gleichsam als Schuld der theologisch wenig unterfütterten Gegenreformation, ein christliches Modell immer wieder anschaulich machen, einen »alter Christus« hervorbringen, etwa in Gestalt von Padre Pio. Der reiche, mächtige, zugleich kreative Camorrista ist vor diesem Hintergrund der vollständig ausgebildete Mensch, der dem Repräsentanten des Göttlichen gegenübersteht, ihn gewissermaßen komplementiert. Und er ist auch derjenige, der in der Fülle seines Menschseins seine Gottesferne auskosten kann, Gott herausfordert. In diesem Sinn kann er göttlich werden, aber eben indem er zutiefst menschlich bleibt – Mensch ›an sich‹. Eine Spur davon findet man in der wie kitschig auch immer klingenden Gedichtsammlung Giulianos, ja bereits in ihrem Titel: den Kirschen des Schmerzes.

Angemerkt sei, dass Giuliano die »Katharsis« in der Dichtkunst eben nicht genügte; sie war vielmehr die Vorwegnahme einer drei Jahre darauf ausschließlich religiös begründeten Umkehr. Diese Umkehr war unter den Augen der

Öffentlichkeit erfolgt, auch um konkurrierenden Mafiosi und ehemaligen Gefolgsleuten zu verdeutlichen, dass sie nichts zu befürchten hätten. Trotz Plakataktionen wie »Die Droge raubt Dir erst die Persönlichkeit und dann das Leben«, versicherte Giuliano noch 1996, nicht mit der Justiz zusammenzuarbeiten. Ganz wie für Riina galt auch hier: »Nur Gott ist mein Richter.« Es half wenig: Nach und nach wurden seine Söhne und mindestens ein Bruder Lovigino Giulianos erschossen, in Gestalt von Nunzio Giuliano sogar ein Familienmitglied, das sich schon Jahre zuvor von den kriminellen Machenschaften der Familie losgesagt hatte.[102] Der Boss von Forcella rettete sich schließlich in ein Zeugenschutzprogramm.[103] Damit folgte er einem Muster, das – mit Ausnahme Cutolos – für die neapolitanische Camorra insgesamt paradigmatisch geworden ist: Auf dem Höhepunkt der Macht, der mit dem Moment größter Gefahr durch Neider und Zukurzgekommene zusammenfällt, ist es besser, sich in die Hände der Justiz zu begeben.

2011 kommentierte der »rré di Forcella« a. D.: »Lovigino ist gestorben, Lovigino gibt es nicht mehr. Jetzt existiert nur noch Luigi, ein Mann von sechzig Jahren, der tausend Leben gelebt hat, der das Böse kennengelernt und auch verübt hat, und der jetzt auf seine Chance wartet, von vorn anzufangen.«[104] Zwei Motive kreuzten sich in dieser Erklärung: zum einen die Vorstellung, dass Unschuld nichts Gegebenes sei, sondern stets aufs Neue gewonnen werden könne. Und zum anderen die Überlegung, dass, wenn es sich so verhält, nichts von dem, was ein Mensch getan hat, so verwerflich sei, dass er es nicht zu sozialem Kapital machen könnte. Für Giuliano bezog sich dieser Anspruch vor allem auf das Schreiben von Liedern. In den 1980ern hatte er Texte verfasst, die von verschiedenen Sängern der neapolitanischen Musikszene angepasst worden waren. Nun wollte er sich auch dem Komponieren verschreiben.

Sein bekanntestes Stück indes ist ein Song, der bis vor Kurzem in der Altstadt aus jedem Basso wehte, wenigstens an den langen, müden Sonntagen: »Chillu va pazz pe te« (Der wird verrückt nach Dir), ein getragenes, im Dialekt geschriebenes Lied einer nicht eingestandenen Liebe. Aus der Perspektive eines nicht allwissenden, sondern »unsouveränen« Begleiters wird einer Frau nahegebracht, dass derjenige, der sie vor einem Monat verlassen hat und nicht mehr zu lieben vorgibt, Tag und Nacht an sie denke, sein Begehren also keineswegs erloschen sei:

Oggi fa nu mese che è fernut, ca cu chill t'e
lassat e a copp nun si sces cchiù

E te crir ca s'è ggià scurdat, ca int 'o cor ha cancellat chell'i ser 'nsiem a te.

Fors comm a te mo sta suffrenn, scenn a copp
sulament c'a speranz e te vedè,

e si po parlà cu nu cumpagn, ce dumand sulament si pe ccas ha vist a te.

Chill va pazz pe tte, te pens sempe, chill va
pazz pe tte, nun s'annamor,

nun s'ha saput scurdà de vas tuoje, te sonn
senza durmì, si o' cor suoje.

Chill va pazz pe tte, te pens semp, chill va pazz
pe tte nun arreposa,

n'ata nun è comm a te, si n'ata cosa, pe nient
nun può spezzà chisti duie cor.

Eingängig ist das Stück wegen des Wechsels aus langen und kurzen Rhythmen, der sich jeweils nach dem vierten Vers anbietet, seine größte Attraktivität ist aber wohl der unübersetzbare Reichtum seiner dialektalen Sprache. Es gehört in jenen Wandel, der in den 1980er-Jahren die neapolitanische Canzone von der süßen mediterranen Landschaft und ihrer Schäferidylle ebenso wegführte wie von den Liedern der »Guapperia«, jener Maske des Brigantentums, die sich Fernando Russo aufgesetzt hatte. An die Stelle dieser Folklore trat eine Musik, die nach den Worten Nino d'Angelos, ihres anfangs wichtigsten Interpreten und Autors, das tägliche Leben der Stadt und vor allem ihrer Jugend besang und die parallel zum Erfolg der jazzhaltigen Avantgarde eines Franco Senesi oder der anspruchsvollen und anspielungsreichen Nuova Musica Napoletana eines Pino Daniele neue Hörerschichten aufschließen sollte. In einem stilistischen Amalgam aus Rockmusik, zeitgenössischem Discosound und einer Getragenheit, die von der populären Musik Nordafrikas inspiriert ist, wurde ein süditalienischer Sound geschaffen, der Neapel einmal mehr als Kulturinsel heraushob.[105] Entscheidendes Merkmal ist die Uneigentlichkeit dieser Stücke, die sich sowohl auf textlicher Ebene – im Dialekt verfasster Herzschmerz, der sich somit selbst relativiert – sowie musikalisch in Zitatanleihen aufzeigen lässt. Dass der Abschied von der »Guapperia« durch das Lied eines Mannes befestigt wurde, der sich selbst als Vervollkommnung des früheren »Guappo«-Ideals sah, entbehrt dabei nicht einer gewissen Ironie.

Die Camorra ist eben nicht die Mafia; sie reicht für ein Leben nicht aus.

9. Ein erweiterter Literaturbegriff

Als ich im Frühjahr 2013 für eine Feldforschung über die Beziehung von neuen und alten Medien nach Neapel, genauer in das Viertel Sanità zog, war die Zeit der alten Camorra und ihrer *big men* längst abgelaufen. Nahezu alle, bis auf Raffaele Cutolo, arbeiteten inzwischen mit den Strafverfolgungsbehörden zusammen. Das galt auch für Giuseppe Misso (geboren 1947), der insgesamt weit über dreißig Jahre seines Lebens in diversen Gefängnissen zugebracht hatte, davon zwölf Jahre in Isolationshaft. Nach dem Ende der Allianz gegen Cutolo hatte er sich mit seinem Jugendfreund Lovigino Giuliano einen blutigen Bandenkrieg geliefert. 2005 legte er mit *I leoni di marmo* (Die Marmorlöwen) einen kaum verhüllten Schlüsselroman vor, in dem er seine Karriere erzählte. »Nur die Wahrheit, nichts als die Wahrheit, nur mit geänderten Namen«, wie er verlautbarte. Der Titel bezog sich auf die Tierskulpturen, die die Treppen zum Dom von Neapel flankierten, auf die der Protagonist, soeben aus dem Gefängnis entlassen, zum Anfang die Hand legt: »Ich ertastete die kalte Mähne und schloss die Augen. Ich flog ... Ich träumte, meine Königin [seine Frau, die Stadt] aus den Fängen des bösen Drachen zu befreien, mit meinem Zauberschwert die Ketten des Unheils zu durchbrechen.«[106] Im Jahr 2016 lieferte Misso mit *Il chiarificatore* (Der Aufklärer) eine Fortsetzung. Hier geht es auch um den familiären und emotionalen Preis, den die Kronzeugenschaft fordert, um Verluste, die durch das Schreiben gleichsam *à la recherche du temps perdu* kompensiert werden sollen: Proust für Gangster.

Jenseits der Bandenzugehörigkeit gründete Missos Ansehen auf dem Überfall der Banco dei pegni di Napoli, die zentrale neapolitanische Pfandleihbank, die er als eine Robin-Hood-Aktion auslegte. Er beschrieb sich in seinen beiden Büchern als »Anti-Camorrista«, der allerdings Handlungsweise und Sprache der Camorra habe übernehmen müssen, um ihr entgegentreten zu können. In Interviews bezeichnete er sich lieber als »uno fuorilegge«, einen Gesetzeslosen. Der vorgebliche soziale Anarchist war hingegen lange bestrebt, seinen Willen als Gesetz zu markieren: Auf Missos Konten gehen noch Jahre nach den Gerichtsverhandlungen angeordnete Erschießungen jugendlicher Zeugen, die der Staat nicht schützen zu müssen glaubte. Eine angebliche Beteiligung am Bombenanschlag auf den Rapido 904 im Apennin-Tunnel, bei dem im Dezember 1984 siebzehn Personen starben, wurde dagegen ausgeschlossen, nachdem 2011 Totò Riina als »Mandant« dieser gegen den italienischen Staat gerichteten »Strafaktion« als Antwort auf die Palermitaner Maxiprozesse angeklagt werden konnte. Dabei kamen allerdings Missos Kooperationen mit dem rechtsextremen Terrorismus ans Licht, auf die er in seinen Romanen kaum eingeht. Und selbst wenn man jenem die Attraktivität für einen anarchischen Existenzialismus nicht absprechen kann – die extreme Rechte Italiens propagierte das »sinnlose Opfer«, die zeichenhafte Verausgabung ihrer Adepten –, wird es doch schwierig, in Misso einen »fuorilegge« im Sinne von Hobsbawms *social bandits* auszumachen. Vielmehr bewegte er sich auf der Grenze zwischen politikfernem Verteidiger einer bestimmten Sozialwelt – den illegalen Umtrieben in Neapel und Umgebung – und politischem Akteur einer an sich antipolitischen Bewegung, die Öffentlichkeit nur als Oberfläche verstand, auf dem ihr Terror erscheinen konnte. Missos Bücher sind Versuche, diese Haltung existenzialistisch aufzuladen; und wenngleich Politik darin kaum eine Rolle spielt, sind die Übergänge zur Diskussion politisch wirksamen Terrors doch in den wenigen Verlautbarungen vorgezeichnet, die Misso selbst gegeben hat:

> Die Wahrheit ist stets kompliziert und rätselhaft, und manchmal wird sie zu einem Gewaltakt – Céline schrieb, dass die Welt nicht einmal zwei Monate der Wahrheit überleben würde, die Wahrheit ist eine nie endende Agonie. Die Wahrheit dieser Welt ist der Tod. Dostojewskij sagt mehr oder weniger dasselbe. Ich erlaube mir hinzuzufügen, dass in bestimmten Fällen die Wahrheit die Form eines Gewaltakts annimmt.[107]

Spätestens mit dem Ende des Eisernen Vorhangs überlebte der Existenzialismus als Übergang zwischen Mafia und (Anti-)Politik nur mehr im Zitat. An seine Stelle war zunehmend das Kokain getreten. Es hatte den Bezug auf eine Idee, die diskursiviert und verteidigt werden konnte, vollständig durch eine Erlebniskategorie abgelöst. An diesem Punkt war Cutolo weitaus ehrlicher als Giuliano und Misso, die Distribution und Gebrauch der Drogen als Effekt des Abstiegs einer »ehrenwerten Gesellschaft« zu verkaufen suchten, die sie auch wegen ihrer zahlreichen Gefängnisaufenthalte nicht aufhalten konnten. Sozialer Banditismus versus Gangbildung, (lokale) Struktur versus Antistruktur – so verlief ihnen und vielen anderen zufolge die Abstiegsgeschichte der »wahren« Camorra. Und auch in dem Viertel, in dem ich forschte, begegneten mir solche Narrative auf

Schritt und Tritt. Besonders unter den immer noch zahlreichen Anhängern Missos und seiner Vasallen und Stellvertreter, die in meinen Tagen nach und nach aus den Gefängnissen zum Sterben nach Hause gelassen wurden. Es waren schwere, gebrochene alte Männer, oft krebskrank, die mit ihren zur Seite geschafften Mitteln ihre Nachkommen angehalten hatten, ihrem eigenen Beispiel nicht zu folgen und in der Ferne zu studieren, um eine bürgerliche Karriere einzuschlagen. Das ließ die Alten gelegentlich hoffnungslos romantisch und anachronistisch wirken, ihre Kinder aber waren dabei, Anwälte, Lehrer oder Schauspieler zu werden. Als solche kehrten sie in das sozial instabile Quartier zurück und kümmerten sich um Kinder, deren Eltern wiederum ihre Eltern auf dem Gewissen hatten.

An die Stelle der alten Camorra war »a munnezz'«, der Dreck, getreten. Gemeint waren damit sogenannte Babygangs, die von Halbwüchsigen angeführt wurden. Modellhaft erzählt der Schauspieler Salvatore Striano deren Welt im gemeinsam mit Guido Lombardi verfassten Buch *Teste matte* (Hitzköpfe, 2015). Aufgewachsen im ehemaligen Garnisonsviertel der spanischen Kolonialmacht, den »Quartieri spagnoli«, gewöhnt sich Striano früh an die Illegalität, wird Dieb und kleiner Dealer. Seine Gang aus Halbwüchsigen versucht sich aus dem Joch der Bosse zu befreien, in einem kaum von Polizei kontrollierten halböffentlichen Raum bekämpft sie die Camorra mit deren eigenen Mitteln.

In seiner als Film wie auch als Buch mehrfach ausgezeichneten Fabel der *Paranza dei bambini* (2016) steigt auch Roberto Saviano ins Rennen der Kindergangs ein, allerdings werden soziologische und moralische Fragen bei ihm komplexer bearbeitet. Da Saviano aufgrund einer Fatwa von Seiten des nahe Neapel operierenden Clans der Casalesi nicht mehr offen in seiner Vaterstadt recherchieren kann, ließ er sich Struktur und Alltagssprache der Heranwachsenden von einem Linguisten erklären. Während der verwendete Dialekt artifiziell wirkt, enthält die Geschichte der »Paranza« – ein Ausdruck, der ursprünglich das Fischen mit parallel fahrenden Booten bezeichnete, bevor er zum Inbegriff der verschworenen Gruppe Jugendlicher wurde – die kanonischen Elemente von jugendlicher Faszination für die Mafia, Indienstnahme durch dieselbe, deren nicht eingehaltenes Beuteversprechen, Widerstand gegen die »Großen«. Im Gegensatz zu Striano und Lombardi erzählt Saviano indes keine Auf- und Ausstiegsgeschichte, sondern eine der zunehmenden Verstrickung. Wer die Camorra auf diese Weise bekämpft, werde wie sie – was nicht zuletzt an den Erwartungen der Bewohner in den klassischen »quartieri a rischio«, den Verbrechensbezirken, liege. Denn diese wünschten sich nichts sehnlicher als die Rückkehr des »Guappo«, des Rächers der Entrechteten, einer Fantasiefigur, die sich aus Folklore und eigener »miseria« nährt.

In diesem Sinn ist Savianos Fabel fatalistisch, sie mag gleichzeitig erschrecken oder heroisch anmuten; wogegen Striano selbst die Rettung eines »Hitzkopfs« durch die Kunst vertritt. Kaum volljährig, kam er für längere Zeit ins Gefängnis, lernte dort Shakespeare lieben, wurde ein erfolgreicher Schauspieler und kehrte schließlich für die mit dem Goldenen Löwen der Berlinale ausgezeichnete Dokufiktion *Cesare deve morire* (2012, dt. *Cäsar muss sterben*) wieder in den Kerker zurück. In diesem Film proben lebenslänglich verurteilte Gefängnisinsassen Shakespeares Stück und therapieren so ihre eigenen Traumata von bedingungsloser Loyalität und Verrat. Das Stück selbst erfährt durch das gelungene Experiment, von »solchen Leuten« verkörpert zu werden, die Nobilitierung der Wahrhaftigkeit – durchaus nicht ganz fern von Missos Glauben, die Wahrheit sei bisweilen ein »atto di violenza«. Während für Striano – und für das europäische Bildungsbürgertum – die Kunst die Wirklichkeit intelligibel machte, verhielt es sich auf der Ebene des durchschnittlichen Produkts der Kulturindustrie eher umgekehrt.

Seltsamerweise waren die Jahre meiner Forschung in Neapel auch die einer ungehemmten Medialisierung ihrer Unterwelt: zum einen, weil die Epoche der Mafia-Blockbuster in die der Serialisierung übergetreten war, zum anderen, weil dabei nicht mehr nach einem entrückten Skript, sondern nach der Realität gearbeitet werden sollte. Aus Garrones *Gomorrha*, der nach einer veritablen Tradition im Lande Pasolinis Laiendarsteller gefördert hatte, war eine von Sky und Canal+ koproduzierte Fernsehserie hervorgegangen, die als Komparsen und für kleinere Rollen die »ragazzi di mjezz'a via«, Gaunerkinder, castete. Einer der Caster war selbst Sohn eines unter verschärften Bedingungen einsitzenden ehemaligen Misso-Vertreters im Viertel Sanità. Und gelegentlich kam es auch vor, dass Darsteller vom Set weg verhaftet wurden.[108] Die Produzenten wurden immer ärgerlicher: Zwar hatte man diese Darsteller wegen ihrer Street Credibility gebucht, aber sicher nicht, damit diese dem Produkt in die Quere kam. Zudem konnte man aus den Verhaftungen keinen Reality-Effekt schlagen: Wenn es sich um Personen handelte, die unter Hausarrest standen, kam ein öffentlicher Auftritt strafbeschwerend hinzu. Infolgedessen überlegten es sich die »scugnizzi« bald zweimal, ob sie für kurzfristigen Ruhm ihre Disziplinar- und Bewährungsauflagen aufs Spiel setzen wollten.

Über den Dreh von *Gomorrha* hatte sich die Stadt von Anfang an entzweit. Ich sah im Sommer 2013 Plakate, auf denen besorgte Honoratioren beklagten, ein Fernsehen dieser Art würde nur weiteren Schmutz auf die ohnehin geschundene Stadt werfen. Wollte sich Neapel wirklich als Bühne der Camorra präsentieren? Andere hielten dagegen, wenn das Image schon schlecht sei, sollte es einem wenigstens den Lebensunterhalt sichern. Und wieder andere, weitaus weniger, vollzogen eine dialektische Volte, indem sie erklärten, der Camorra-Overkill in der Populärkultur würde die Camorra selbst in ein Popphänomen verwandeln, wie ein Fettreiniger, der am Ende nichts Negatives an Neapel mehr haften ließe. *Gomorrha* als Exorzismus.

Tatsächlich wirkten sich die Serie, aber auch die darum entstehenden Dokumentationen, die Musik, Merchandising und Lifestyleproduktion auf das Verhältnis von Verbrechen und Popkultur aus. Das lag nicht an positiven Helden oder an einem ungebrochenen Identifikationspotenzial: Die Episoden bündelten zeitlich weit verstreut liegende echte Fälle in wenigen Handlungssträngen, wobei sich die »guten«, weil mehr oder weniger gezwungenen Gangster nach mindestens einer Episode als ebenso bösartig und skrupellos wie ihre Widerparts herausstellten.[109] Keiner der Protagonisten verfügte über eine reiche innere Substanz, aber jeder über Stil. *Gomorrha*, so sah es eine Kritikerin,[110] führte wieder einmal die Karikatur des amoralischen Renaissancemenschen vor; zugleich interpretierte die Serie auf mehreren Ebenen, warum es nur zu dieser Karikatur reichte. Zum einen lag das natürlich an der Serialität selbst, an der »puntata«, die wiederum innerhalb des neapolitanischen Kosmos wohlvertraut war. Zum anderen war es das implizite Wissen der Neapolitaner, vor allem der unteren Klassen, dass Historisierung sich als kulturelle Appropriation vollzog. Dass es also vordringlich darum ging, mitzureden, und viel weniger darum, was man sagte. Da waren die Neomelodici wie Franco Ricciardi, die aufgrund ihrer Stimme und ihres Gesangstalents zeitig für Hochzeiten, Taufen und Geburtstage von Leuten, die sich sehen lassen wollten – sprich: von dem Ideal der »Guapperia« nacheifernden Camorristi –, gebucht worden waren und mitunter auf diesem Weg in Radio- und Plattenstudios gefunden hatten. Die Camorristi saßen vielfach hinter Schloss und Riegel, manchmal sang man – wie im Fall Giuliano – noch ihre Songs und erinnerte sich dankbar an sie. Eigentlich aber war man längst zum »cantapopolo«, zum Sänger aus und für das Volk avanciert, der bei bestimmten Friseuren der Stadt ein Separee bezog, einen deutschen SUV fuhr und überall parken durfte, sofern er Selfies zuließ. Diese Sänger zehrten vom Nachruhm ihrer Tage als Sängerknaben eines Bosses; das Ideal des »Guappo« ging tatsächlich vom Boss auf seinen Darsteller, den Künstler, über. Sie konnten ihre Karriere durch Produzenten pushen, die wie Gaetano di Vaio – einer der Macher von *Gomorrha*, zugleich Filmemacher und Autor diverser Kriminalromane – selbst dem illegalen Milieu entstammten, street-smart waren, ihre Unternehmen erbarmungslos straff führten und jedem, der es hören wollte, die Geschichte ihrer eigenen Errettung durch die Kunst erzählten: »Weißt Du, ich war ein Junge aus Scampìa, war x-mal im Gefängnis, bis ich auf jemanden traf, der mir nahebrachte, dass man auch Gefühle haben und über sie schreiben konnte. Dass sie beim Schreiben erst wirklich entstehen. Dass ich meiner Frau nicht nur Anweisungen mitteilte, sondern mich ihr selbst öffnete.«

Diese Konversion berichtete mir Gaetano di Vaio. Was er nicht erwähnte, war, dass die Explosion von Literatur, von Gesang, von Schauspielkunst in diesem Milieu erst nach dem Ende der großen Anführer möglich wurde. Vielleicht lag das daran, dass nun nicht mehr nur der Boss sprach, und viele, ja jeder, das Wort ergreifen oder, noch häufiger, sich vom Wort ergreifen lassen konnte.

Und vielleicht hing diese Entwicklung nicht nur mit dem Ende der Cutolos, Giulianos und Missos zusammen, sondern ebenso mit dem Aufkommen einer neuen Religion. Denn der Demokratisierung des Sprechens ging jene durch das Gesprochenwerden voran, die Erkenntnis, dass jeder ein Medium sein konnte. Oder dass jeder ein »dono«, eine Gabe, besaß, wie die Anhänger der Pfingstkirchen und anderer charismatischer Gemeinschaften sagen. Seit mehr als zwei Jahrzehnten ist Neapel das Zentrum des charismatischen Christentums in Italien, gleich welcher Konfession. In evangelikalen Erweckungskirchen genauso wie in katholischen Gemeinden, die sich der »Erneuerung durch den Geist« widmen, kommen die Menschen wöchentlich zusammen, um durch intensives, von Gesang, Musik und den Worten eines an einen Master of Ceremonies gemahnenden Priesters die Herabkunft des »Spirito Santo«, des Heiligen Geistes, zu erflehen.[111] Diese zeitigt tranceartige Effekte, eine Art automatisches Sprechen, das sogenannte Zungenreden, körperliche Kontrollverluste, die bisweilen epileptischen Szenen ähneln, den kurzfristigen Verlust der Erinnerung. Diese Art von Passivität, die ja Voraussetzung dafür ist, dass eine andere Macht die eigene Person als Medium oder Kanal nutzen kann, hat in der italienischen Volksreligiosität eine lange Vorgeschichte, die man mit landschaftlichen, politischen oder auch vorchristlichen Faktoren in Beziehung bringen kann. Passiv sein zu können wird als Qualität angesehen, und das Ausüben von »passiones«, von Leidenschaften, die einem von außen induziert werden und die man selbst ohne Reibungsverlust weitergeben kann, steht hoch im

Kurs. Problematisch sieht man eher, wenn Passivität verunreinigt wird, wenn jemand sie lediglich vorspielt, wenn er sie »besitzen« möchte.

Die Vielfalt der Stimmen, die Demokratisierung einer durch persönliche Gefolgschaft geprägten Gesellschaft, hat mit der Institutionalisierung von Passivität, von Gesprochenwerden, zu tun. Und tatsächlich hat sich hier auch eine eigene Anti-Mafia etabliert. Im evangelikalen Umfeld Neapels lernte ich einige ehemalige Camorristi kennen, die ein Erweckungserlebnis aus ihrer Organisation herausgetrieben hatte. In dem relativ neuartigen religiösen Umfeld konnten sie sowohl ihre Bekehrung als auch ihre Harmlosigkeit für die verlassene Organisation ausdrücken. Ihre Entscheidung erschien als religiös motiviert und folglich individuell, weder einem Gewinnversprechen noch einem Racheplan unterworfen. Es handelte sich demgemäß um keinen Verrat, für den man sie hätte bestrafen können. Meist handelte es sich um gerade aus dem Gefängnis entlassene junge Männer, die in einer erneuten Taufe den gewohnten Katholizismus hinter sich ließen, um sich neu zu erfinden, die Zeugnis vor ihrer Gemeinde abhielten, sich in Gebet und Zungenreden übten, eine neue Partnerin fanden und Familien außerhalb ihres kriminellen Netzwerks gründeten. Die evangelikalen Netzwerke waren informell und belastbar, hier bezeichnete man sich als »Bruder«, man war, wie die Männer sagten, »mehr für einander da als in einer Familie«, eine neue Verwandtschaft, die die alte nicht nur ersetzte, sondern sie als »nur dem Namen nach« existierend auch kritisierte. In diesem Umfeld lernten junge Männer von sich zu sprechen, weil sie sich objektivierten, sich von außen – im Blick ihrer »Brüder« auf ihre biografischen Brüche – oder von »innen« – in den Berichten über den Geist, der sie ergriff und ihnen ein besseres Leben bescherte – wahrzunehmen einübten. Nicht zuletzt dadurch begannen sie von sich zu sprechen und nach Möglichkeit auch: über sich zu schreiben.

Die Bedeutung von Heilig-Geist-Besessenheit für die deutsche Literatur, vor allem für ihren Genrebeitrag im späten 18. und frühen 19. Jahrhundert, den *Bildungsroman*, ist unbestritten. Auch wenn man Johann Heinrich Jung-Stillings Lebensgeschichte, die vielleicht den wichtigsten Übergang von einer durch äußere Umstände bewirkten zu einer nur mehr der inneren Teleologie folgenden Erzählung des Selbst markiert, lieber unter das nobilitierende Rubrum des »Pietismus« fasst – im Kern geht es auch hier um Befreiung durch Mediumismus: die Interpretation der Lebensereignisse und der eigenen Gefühlsregungen als Mitteilungen Gottes.[112] Ähnliche, lokal begrenzte Erwartungen kann man der neapolitanischen Mafialiteratur durchaus entgegenbringen.

Oder man kann sie gar schon als erfüllt ansehen, wenn man den Blick auf Musikproduktion, auf die Weitläufigkeit einer Kreativwirtschaft wirft, die selbst die hintersten Ecken der Vicoli in den »quartieri a rischio« ergreift.

Deren Geheimnis ist freilich das Wissen um die Kulturgebundenheit sämtlicher Lebenszusammenhänge. Und auch hier kann man vom religiösen Wissen – oder vom Wissen um das Religiöse – unmöglich absehen. Ein Resultat meiner mehrjährigen Feldforschung in Neapel war die Einsicht, dass gerade angesichts der Prekarität von »Natur« – gedacht als Fundierungskategorie landschaftlichen sowie sozialen Lebens – der Ereignischarakter der grundlegenden Beziehungen betont würde: Neapel, darauf hinzuweisen ist längst ein Klischee, ist eine von einem unterirdischen (den Campi Flegrei) mehr als von einem sichtbaren Vulkan (dem Vesuv) bestimmte Stadt absehbarer Dauer, über die Herren aus fremden Ländern in loser Folge hergefallen sind. Familienbeziehungen waren oftmals unsicher, Genealogien schlecht nachverfolgbar. Dass man sie erfindet, das heißt, dass sie szenisch mehr als dokumentarisch überzeugen müssen, ist ein Umstand, der die Produktion von Bühnen für Evidenzerlebnisse befördert hat. Diese Bühnen sind visuell (Malerei), auditiv (Musik) oder beides zugleich: das Theater, die Rituale. In zahlreichen Stücken des großen Impresario Eduardo De Filippo wird die Rechtmäßigkeit einer Erbschaft, das heißt einer Familienbeziehung konstruiert; in religiösen Ritualen wie dem der Madonna dell'Arco steht der himmlische Segen für eine nach menschlichen Maßstäben oft defizitäre, ad hoc zusammmengewürfelte Familie im Mittelpunkt. In anderen Ritualen wie dem der »anime del purgatorio«, der Seelen im Fegefeuer, adoptiert man seine Vorfahren aus dem Übermaß an anonymen Relikten vergangenen Lebens, traditionell infolge eines »hellsichtigen« Traums. Und die »femminielli«, Transvestiten und Transsexuelle, die längst nicht mehr nur Zigaretten einzeln verkaufen oder Cabarets betreiben, bezeugen die Verhandelbarkeit geschlechtlicher Identität.[113] In all diesen Fällen erweist sich Natur als »gemacht«, ja um als natürlich zu gelten, muss sie besonders »gut gemacht« sein. Nicht die Kunst ahmt die Natur nach, wie Aristoteles schreibt, sondern diese bildet sich erst als Kunst aus. Aber Kunst, oder besser: Kunstschöpfung, entwindet der Natur auch ihr Geheimnis.

Vielleicht ist das schließlich ein Hauptgrund für die Affinität von Verbrechen und Kunst, die man in Neapel beobachten kann: Verbrechen ist potenziell tödlich, der tödliche Teil der neapolitanischen Kultur, aber zugleich kann es in der Kultur aufgehoben und von ihr unschuldig gemacht werden. Denn in einer Welt, in der einen die »passiones«

und die »Passivität« reinigen – wofür es selbst wieder Voraussetzungen braucht: rituelle zumeist, bei denen behaupteterweise Aktivität in Passivität übergeht –, in einer solchen Welt kann man sich auch von Schuld und Sünde befreien. Die Kultur bietet dem Verbrechen die Perspektive einer Verwandlung, und das Verbrechen selbst kann man begehen, indem man auf seine Kulturalisierung (voraus-)blickt: einmal, indem man im Fundus der Stereotype des schier Notwendigen schaut, die etwa einen Raubüberfall rechtfertigen, ein anderes Mal, indem man seine Überhöhung und damit seine Aufhebung im Blick hat. Die Naturalisierung ist dabei natürlich Teil der Kulturalisierung: Mit Blick auf den Vesuv kursiert der Allgemeinplatz, dass diese Erde fruchtbar und gutmütig sei, nur habe man den Preis zu zahlen, dass jemand gelegentlich »explodiere« und »Luft ablassen« müsse.[114] Diese Relativierung ist freilich zu allem Möglichen angetan, nur nicht zur Abschaffung des Verbrechens.

Im Anschluss an meine erste Feldforschung in Neapel interessierten mich besonders die Anhänger des Kultes der Madonna dell'Arco. Von dieser durchaus ambivalenten, nicht nur wohlmeinenden, sondern strafenden Muttergottes sprachen junge, nach *Gomorrha*-Mode oder mit *Narcos*-T-Shirt ausgestattete Männer gerne als der »mamma di tutti noi, di noi criminali« – die Mutter von uns allen, uns Kriminellen. Sie situierten sich außerhalb der normalen Gesellschaft, wo nur noch die Treue zur Madonna einen im Dasein hält. An jedem Ostermontag setzten sich aus sämtlichen Vierteln der Stadt Gruppen weiß gekleideter Anhänger in Bewegung, die zu Fuß die außerhalb Neapels liegende Kirche mit dem wundertätigen Bild der Madonna dell'Arco zu erreichen suchten. Dafür hatten sie Industriebrachen und Zivilisationswüsten zu durchqueren, eine sprechende Ödnis. Die Schwelle der Kirche übertretend, brachten sie der Madonna ihr Leiden und ihre Wünsche dar, für manche das einzige Mal im Jahr, an dem sie die Defizienz und Bedürftigkeit ihrer Person ausstellten. Väter und Mütter greinten an den Händen ihrer Kinder. Manche fielen zitternd zu Boden, andere wurden von konvulsivischen Zuckungen durchfahren. Niemand, der sich das Spektakel auch nur anschaute, blieb davon unberührt. Hier berührte sich die Grenze der Gesellschaft mit der der Körper, aber auch der Sprache. Und von dieser Grenze ausgehend wurde die Welt wieder in Ordnung gebracht. Auf dem Heimweg jedenfalls traf man ebenso erschöpfte wie erleichterte Menschen.

Die Madonna dell'Arco war bildhaft gegenwärtig in den Gefängnissen von Poggioreale und in Secondigliano, sie hatte in den verrufensten Winkeln der Stadt ihre Kapelle. Auf den großen Fahnen ihrer Anhänger stellten sich Stammväter und Patchworkfamilien unter ihren Schutz, desgleichen prangten die Konterfeis getöteter Krimineller darauf. Die Madonna bewachte schließlich auch das Totenreich. Ihr zu Ehren veranstalteten Bosse des Viertels ein Fest, engagierten sie die talentiertesten Sänger, die dann wiederum in die Kreise der Neomelodici traten. Die Madonna schützte, möglicherweise. Aber der Preis bestand darin, dass sich alle derselben Aussichtslosigkeit zu unterwerfen hatten. Nur darf man diese nicht unterschätzen oder als ausschließlich kriminelle Ideologie abtun: Die Aussichtslosigkeit *ist* die Kultur. Sie ist dort, wo es kein Jenseits der Kultur gibt.

Die künstlerische Produktivität rund um die Madonna dell'Arco war erstaunlich.[115] Sie reichte von Tattoos über Statuen bis hin zu Liedern. Selbstredend verfuhr sie jeweils nach etablierten Standards – die Form der Statuen, die jeweils eine Verletzung auf der Wange zu tragen haben, zum Beispiel –, aber jeder wählte sich eine Abweichung, die seine Produktion als einzigartig hervorhob. In den Liedern zu Ehren der Madonna konfluierten neapolitanische Tradition und Popkultur. Es gab mehrere Sänger, die als Neomelodici nicht den gewünschten Erfolg erzielt hatten und sich, anschließend an eine Konversion, von der sie jedes Mal berichteten, ganz dem Kult der Madonna dell'Arco verschrieben. Pino Santoro gehörte dazu, er sang auf den Prozessionen, den »funzioni«, bei denen Kultadepten ihr Viertel abschritten und vor Votivaltären ihre Aufwartungen machten. Ein Stück hatte er einem Halbwüchsigen gewidmet, der während eines Raubzuges umgekommen war, wenige Tage bevor er Vater wurde. Wenn die Kultanhänger vor dem Haus der Mutter anhielten, wiegte er den Sohn als wahres Zeichen der Madonna dell'Arco in den Armen und hob dann an, von der Reinheit der Diebe zu singen, die, weil sie einzig aus Notwendigkeit handelten, von der Muttergottes salviert würden. Texte ähnlichen Inhalts, die auf einem allgemeinen Niveau von der Welt der Kriminalität sprachen, waren Legion – und nicht auf die Madonna dell'Arco beschränkt. Sie bildeten fluide Übergänge zu Neomelodici oder auch den Songs eines Popveteranen wie Nino d'Angelo. Im Umfeld des Kults der Madonna dell'Arco aber zählte nicht mehr nur die Performance, das sängerische oder das textliche Niveau, sondern die Glaubwürdigkeit des Sängers und seine eigene Versehrtheit.

Versehrtheit konnte selbstverständlich auch zum Kapital im »normalen« Musikbetrieb werden. Der bereits erwähnte Franco Ricciardi, der mit dem rechten Auge schielt, bestimmt kein Muster eines schönen Mannes und ebenfalls mit dem Kult der Madonna dell'Arco aufgewachsen, wurde als »cantapopolo«, als »Volkssänger«, akklamiert, weil seine eigene Herkunft ihn in den Kampf der unteren Schichten um Sozialwohnungen oder die infrastrukturelle Verbesserung der Peripherie gestellt hatte; an diesen Kämpfen hatte er zwar nur am Rand teilgenommen, thematisierte sie aber, nachdem sie populär geworden waren, in seinen Liedern. Es handelte sich entweder um bereits gewonnene oder endgültig verlorene Schlachten, was gut zu der Sentimentalität der Neomelodico-Produktionen passte und mit Blick auf die Vergangenheit die Unterschicht als so einheitlich konstruierte, wie sie es für ihre kulturelle Reserve vielleicht brauchte.[116] Mehrere Lieder Ricciardis flossen in den Soundtrack von *Gomorrha* ein – was sicher dem Gespür Gaetano di Vaios zu verdanken ist, der dem gleichen Stadtviertel entstammte – und unterlegten die Serie mit dunklem Existenzialismus. Im Dialekt, von tiefen Bässen unterlegt, heißt es:

> Se si comm a me, bast na parol po capi, po sape.
> Se si comm a me c guardamm ij te capisck e tu capisc a me.
> Tutt quand parln p me e pe te
> s' sciacquano a vocc ma ch'anna sapè?
> […]
> Chest è dedicat a chi s sos ma
> nun o sap a nott si s va a cuccà.
> […]
> Nuj simm chill ca cu poc e nient / facimm e miracl e criscimm e figlij.

Das Lied huldigt einer verschworenen Gemeinschaft sozialer Außenseiter, die »mit wenig mehr als nichts [...] Wunder vollbringen und Kinder aufwachsen lassen«. Sie weisen Menschen ab, die glauben, über sie urteilen zu können. Diese Gemeinschaft der Außenseiter ist attraktiv und attrahiert, schon im Auftakt heißt es: »Wenn Du bist wie ich, dann reicht ein Wort, und man versteht sich, und man weiß / Wenn Du wie ich bist, erkennen wir uns durch Blicke, und ich verstehe Dich, und Du mich.« Diese Gemeinschaft situiert sich jenseits der gesprochenen Sprache, in Blicken, Gesten, und natürlich in der Musik. Es ist vermutlich nicht übertrieben, anzunehmen, dass sie ihre Aussätzigkeit als ein Geheimnis gedeutet wissen will und dass dieses umschriebene, nicht ausgesprochene Geheimnis den Zusammenhang von Verbrechen, Religion und Kunst stiftet.

10. »Mafiapoetics«: Vom Überschuss

Eine der Grundfragen jedes Mafiaromans, jedes Mafiafilms lautet: Wem darf man trauen? Zuletzt hat sich eine neue Generation von Mafiaforschern, vornehmlich Ethnologen, Soziologen und Medienwissenschaftler, darauf geeinigt, die Mafia als einen bestimmten Affektzusammenhang zu deuten. Affekte von familiärer Wärme, aber auch von Größe, Bedeutung, einem sozialen Ort würden dort erzeugt und kassiert. Und da die mit diesen Affekten verbundenen Lebenswelten zunehmend schrumpften, bekomme diese, der Mafia quasi inhärente fiktive Wirklichkeit erneut Zulauf und Anerkennung.[117]

Dazu ist zu sagen: Natürlich arbeitet die Mafia unaufhörlich an der Ausdehnung ihrer »vorgestellten Gemeinschaft« (Benedict Anderson), indem sie versucht, so viele Bereiche von Lebenswelt und Alltagskultur einzugemeinden, wie sie nur kann. Die Mittel, mit denen sie das tut, bestehen vor allem im Streuen von Verdachtsmomenten: Die normale Wirklichkeit muss unsicher werden, ihre Struktur dubios, damit sie Teil des mafiösen Kosmos wird (vielerorts besorgt das die Wirklichkeit gleich selbst: durch Kirchenskandale, soziale Prekarität etc.). Zugleich muss die mafiöse Welt idealisierbar wirken, eine Welt sui generis vorstellen, die sich prinzipiell selbst genügt. Das könnte sie erreichen, indem sie das ganze Leben vorstellte, sprich: durch die rituelle Organisation des Lebenszyklus. Aber gerade dafür muss sie immer wieder auf kulturell bereits verwurzelte Rituale zurückgreifen, und nicht nur auf diese, sondern zugleich auf ihr Personal: in Süditalien vor allem auf Priester. Wenn diese nicht mitwirken, kann die Mafia sie diskreditieren und als Menschen für vogelfrei erklären und sich Ersatz suchen, wird dabei aber über kurz oder lang die Glaubwürdigkeit ihres moralischen Anspruchs einbüßen, so wie es in Sizilien in der Endphase von Totò Riina geschah. Hinauszögern kann sie dieses Zerbrechen ihrer nicht nur inneren, sondern vor allem regionalen Macht, indem sie ihre Mitglieder stark genug gegen eine äußere Kraft mobilisiert. Auch dies geschah unter Totò Riina.

Dass die Mafia selbst schöpferisch tätig werden muss, glaubte die jüngere Mafiaforschung mit dem Ausdruck »Mafiacraft« eingefangen. Besser hätte sie »Mafiapoetics« geschrieben: Affekte, Riten, Mobilisierung zum »Krieg«, all dies bedarf Bilder, Zeichen, des Ausmalens einer noch ausstehenden, aber möglichen Lebensform. Allerdings ist keine dieser Erfindungen genuin mafiöser Natur. Nicht einmal die Fiktion der Rache für eine erlittene Beleidigung. Die Mafia greift stattdessen auf, was die postindustrielle Welt zu rasch entwertet, liegen gelassen oder in ihren Widersprüchen für untauglich befunden hat. Deshalb auch blüht die Mafia dort, wo im Kern ideologische Reserven gegen die moderne und postmoderne Welt bestehen: an den Übergängen von Urbanität und ländlichem Raum, von Feudal- und Industrie- bzw. Dienstleistungsgesellschaft, die dem Einzelnen überhaupt keinen Unterstand mehr bietet, sondern dessen totale Verwertbarkeit einfordert; oder im Bergland, unter einer Bevölkerung, die die Unterwerfung unter den Staat in der Tiefebene jahrhundertelang abgelehnt und bekämpft hat. Sizilien, Neapel, Kalabrien also. Aber diese Charakterisierungen treffen durchaus auf andere Länder und Zonen zu, in denen mafiöse Organisationen Fuß fassen konnten.

Die eigentlichen »Mafiapoetics« sind also nicht in der Mafia eigentümlichen Inhalten zu suchen. Die Überfülle des Festes gehört zum ideologischen Bestand agrarischer Lebensformen, Ehre gehört zu jedem feudalen Kontext, die Reziprozität der Rache ist der Grund, von dem ausgehend Gesellschaften ohne Staat ihre diffizilen Verhandlungstechniken entwickeln.[118] Die oftmals beschworenen Ideale der Familie und der Liebe, wie sie die Neomelodici vorstellen – oder auch die mafiösen Dichter wie Giuliano, die eben keineswegs von sozialer Not und Verbrechen singen lassen –, gehören zum Mythos einer Stadt hoher sozialer Verdichtung und ständiger Abspaltungen und Sezessionen. Nichts davon gehört der Mafia. Eigentümlich ist ihr aber etwas anderes: der Code der Ambivalenz, der Uneigentlichkeit, die Unsicherheit der Mitteilung. Zum einen, weil Täuschung eine nach außen gerichtete Strategie der Mafia ist, um sich Aufträge oder Besitz zu sichern, zum anderen aber, weil die Ambivalenz wesentlich dazu beiträgt, die innere Unruhe ebenso wie den Gehorsamsinstinkt wach zu halten, von der eine Verbrecherorganisation zehrt. Giovanni Starace hat in sorgfältigen biografischen Interviews die psychologischen Effekte eines systematisch instabilen Milieus rekonstruiert: Da sind zum einen *double binds*, die daraus resultieren, dass ein Mafioso sich umso stärker mit seiner Gruppe identifiziert, je weniger er seiner Zugehörigkeit zu ihr (und damit seines Lebens) sicher sein kann; zum anderen resultiert daraus der enorme Verbrauch an finanziellen und anderen Ressourcen, die nicht wie normaler Lohn im Blick auf zukünftige Ziele angespart werden, sondern im Gegenteil für unmittelbar notwendiges Prestige, aber auch für die ständige Pflege des eigenen Netzwerks eingesetzt werden müssen.[119] Und schließlich forciert die Unsicherheit die Gewaltbereitschaft: Je weniger man den Worten seiner Gefährten und seines

Bosses trauen kann, je mehr man um die Prekarität des eigenen physischen Überlebens weiß, ohne mit jemandem darüber sprechen zu können, desto rascher wird man die Tötungshemmung ablegen. Gewalt hat ihre Wurzeln im Misstrauen gegenüber sich selbst wie anderen.

Für diese nach innen wie außen gerichtete Politik der Täuschung – die der Renaissance-Historiker Burckhardt vermutlich als machiavellistische Vervollkommnung beschrieben hätte – gibt es zahlreiche Beispiele. Es gibt die Mafiakriege, bei denen niemand aus der ersten Reihe, aber zahlreiche »Fußsoldaten« ihr Leben lassen und die einzig dazu bestimmt sind, einen Bandenkrieg zu inszenieren, um die Aufmerksamkeit von Polizei und Justiz abzulenken; es gibt die fortgesetzte Kooperation von Anführern verfeindeter Clans, bei denen man weiß, dass sich die jeweiligen Leute auf Geheiß umbringen und unter denen eine offene Fehde nur dazu führen würde, dass ein dritter Clan ins Territorium eintritt; und es gibt Tötungsbefehle, die vor Gericht von Bossen bestritten werden, weil sie dann einen bestimmten Exponenten eines gegnerischen Clans benannt hätten »e non uno qualsiasi«, den es dann auch traf. Es gibt die Redewendung »sii senza pensieri« – sei unbesorgt –, die den Adressaten mit größter Sorge erfüllen sollte, und den Ausspruch »mi devi morire« – Du musst mir sterben –, mit der man sich gegenseitig unverbrüchlicher Treue versichert. Es gibt Codewörter, Codenamen – etwa die aus dem Umkreis von »Osso, Mastrosso, und Carcagnosso« – und es gibt Festeinladungen, denen man nicht folgen sollte, ohne sein eigenes Begräbnis geplant zu haben. Es ist wichtig, kein Vertrauen zu haben, und nicht einmal dem Unvertrauen ist zu trauen. Wer Misstrauen zeigt, hat schon verloren, denn er beweist nur, das Ambivalente verzweifelt ins Reine ziehen zu wollen und nicht mitspielen zu können.

Wer täuscht und falschspielt, reflektiert in jedem Fall auf den Zeichencharakter seiner Mitteilung, auf den Signifikanten. Er weiß, wie eine Mitteilung im konventionellen Fall aufgefasst würde, und er baut um diese Konvention herum seine Falle. Er zeigt Sinn für das Dekorative, aber er würde nur für einen kurzen Moment das Dekorative mit der Sache selbst verwechseln. Vermutlich weiß er, dass viele wünschten, das Konventionelle würde sich als das Wahre erweisen. Mit anderen Worten: Er hält eine Sehnsucht am Leben. Das meint auch der amerikanische Anthropologe Jason Pine, der im vor-kriminellen Milieu Neapels recherchierte und über eine Ästhetik des Scheins nachdachte, die insbesondere von Festen organisierenden Bossen, aber auch von den kitschigen, mit scheinbarem Gold umrahmten Flachbildschirmen ausstrahlt, die man in den ebenerdigen

Wohnungen der »quartieri a rischio« vorfindet.[120] Dieses falsche Gold verweist auf ein echtes Gold, das man in Filmen wie *Scarface*, aber vielleicht vor einiger Zeit selbst in den Wohnungen eines kriminellen Großmeisters vor Ort gesehen hat. Es verweist auf ein höheres Leben, das die Bosse teilweise gelebt haben – nicht stets, denn sie mussten sich ja nach unten bücken – und zu dessen Glanz auch seine Unerreichbarkeit gehört. Auch um diese Differenz wird gewusst – es gibt kein richtiges Leben im vorläufigen (vom »falschen« zu reden wäre unzulässiger Manichäismus). Und »wahr« unter seinesgleichen bleibt das »Falsche«.

Wenn so vieles am Signifikanten hängt, dann wird darin ein Überschuss produziert. In diesem Überschuss steckt die gesamte Energie der Mafia, stecken Exaltiertheit, Wut, Verzweiflung, Liebe – und die Möglichkeit, dass sich das eine fortwährend ins andere verwandelt. Der Kitsch, die manieristische Affektiertheit, sie haben nichts mit einer falschen Deutung der Realität zu tun, als handelte es sich um Urteile, sondern sind die Kraftreserven, aus denen die Mafia die Bilder der Welt baut, um fortzuexistieren. Gewissermaßen ihre poetische Wurzel. »Mafiapoetics« eben.

Dass diese Poetik der Mafia nicht nur ihr gehört, obwohl sie ihr eigentümlich ist, sondern im wahren Sinn des Wortes einen Kulturträger darstellt, steht auf einem anderen, auf diesem Blatt.

Schließlich beglaubigen die kulturellen Praktiken der Mafia einen nicht unbeträchtlichen Teil der Literaturtheorie, von der Frühromantik bis zum Dekonstruktivismus. Möglich, dass sie aus diesem Grund immer wieder auch von jenen bewahrt werden, die sie nicht pflegen oder sich nicht zu ihrer Pflege bekennen wollen – in jedem Fall stellen sie ein Reservoir da, aus dem sich die Literatur noch stets erneuert hat. Aus diesem Grund ähneln sich die Nostalgie in den Mafia-Romanen professioneller Schriftsteller und die Nostalgie schreibender Bosse auch nicht lediglich, sondern sind im Kern identisch: Sie beziehen sich auf die Unerreichbarkeit des Signifikats, einen Entzug, um den herum Kunst und Verbrechen jeweils ihre Welt bauen.

Dank

Die erste Idee zu diesem Buch geht auf einen Nachmittag im neapolitanischen Viertel Sanità zurück, als man mich in eine rauchgeschwängerte Wohnung führte, in der zehn junge, wie Rapper gekleidete und im *Gomorrha*-Style frisierte Männer sich erzürnt um den Berliner Filmemacher Marco Wilms gruppierten, weil der statt den Hausaltar der Familie sie selbst mit der Kamera verewigt hatte. Die meisten der Anwesenden standen unter Hausarrest bzw. waren zur Fahndung ausgeschrieben. Nachdem ich erklären konnte, dass wir weder Polizeispitzel noch von der Konkurrenz geschickt waren, Marco im Gegenteil ein international renommierter Dokumentarfilmer sei, zogen sie blank und stellten – wie Angehörige jener Völker, die »nicht dahin gelangt [sind], die Schrift vom eigenen Körper abzulösen und auf leblose Materialien zu übertragen« (Christoph Türcke) – ihre Tätowierungen zur Schau. In nie gesehener Fülle traten neben den Namen ihrer Kinder, Partnerinnen und Verstorbenen neapolitanische, mexikanische und amerikanische Motive zusammen. Das alles sollten wir filmen, aber nicht ihre Gesichter. Hinter den Zeichen ihrer Kultur wollten sie gleichsam verschwinden, zugleich war die Kultur das, was nur durch den Zwang zur Unsichtbarkeit ihrer Träger entstehen konnte. Ein Jahr später war ein Großteil unserer Gastgeber im Gefängnis. Einer war tot.

Etwas später veranstaltete ich einen Workshop zu »Mafia Culture – Between Enchantment, Justification and Cultural Commodities« am a.r.t.e.s. Research Lab der Universität zu Köln. Die Beiträge von Christian Giordano, Stefano de Matteis, Hermann Herlinghaus und Rosemary Snelling-Gŏgh gaben meinem Vorhaben wichtige Impulse. Besonders Stefano danke ich herzlich, machte er mir doch seine eigenen Recherchen zugänglich.

Dass es schließlich zu diesem Essay über die Poetik der Paten kam, verdanke ich Erhard Schüttpelz und Thomas Steinfeld. Erhard Schüttpelz schlug einen Text zu Objekt- und Metasprache in der »Literatur der Mafia« vor, und Thomas Steinfeld regte mich an, einen Beitrag über den »Paten als Poet« für die *Süddeutsche Zeitung* zu schreiben. Beiden danke ich herzlich für Hinweise und Kritik, Thomas Steinfeld für sein kluges Redigat. Vielen Dank ebenso an Antonio Roselli und besonders an Magdalena Schrefel, die den Text umsichtig und mit viel Geduld lektorierte.

Das Schreiben war schließlich eine Freiheitsübung im italienischen Lockdown.

Anmerkungen

1 Zu Beuys und Neapel vgl. Petra Richter, *Joseph Beuys. Ein Erdbeben in den Köpfen der Menschen. Rom und Neapel 1971–1985*, Düsseldorf 2017.
2 Vgl. Eric Hobsbawm, *Bandits*, New York u. a. 2000 (orig. u. d. T.: *Primitive Rebels*, London u. a. 1969).
3 Vgl. Carlo Ginzburg, »Postfazione 2019«, in: ders., *Il formaggio e i vermi. Il cosmo di un mugnaio del 1500*, Mailand 2019, S. 211 f.
4 Es ist bezeichnend, dass Verbrecher entweder den marginalen Klassen oder den Rebellen zugeordnet werden, dass aber nur selten ihre Gewalterfahrung – einschließlich der von ihnen selbst ausgeübten – in den Blick genommen wird. Anstatt sie auf ihre soziale Marginalität zu verpflichten, müsste ihre Kultur als die von Gewalttätern untersucht werden, mit besonderem Akzent auf ihrer transgressiven Energie. Damit wäre man vielleicht am ehesten im Bereich der Religionsethnologie, denn auch das, worum es den Adepten eines »Heiligen« geht, ist die Transgression, vgl. Michael Taussig, *Sympathiezauber. Texte zur Ethnografie*, Konstanz 2013, S. 145 f.
5 Vgl. U. van Loyen, »Ein Straßenkult und seine wüsten Wege«, in: Erik Wegerhoff (Hg.), *On the Road / Über die Straße*, Berlin 2016, S. 155–176. Der eigene Körper ist Ausdrucksmedium, Verkörperung und Widerstand des Göttlichen, man vervielfältigt sich in ihm und geht auch mit der

Vielfältigkeit der anderen stärkere Beziehungen ein.

6 Antonio Gramsci hat »Folklore« in seinen Gefängnisheften als »agglomerato indigesto di frammenti di tutte le concezioni del mondo e della vita che si sono succedute nella storia« bezeichnet – als »unverdaute Anhäufung von Fragmenten aus Welt- und Lebensanschauungen« (*Quaderni del carcere, 27*), mithin als ein Residualphänomen, das aufgrund der besonderen Situation der unteren Klassen ebendort konserviert wird. Dabei ist »Folklore« stets eine Zuschreibung »hegemonialer« Gruppen, ein Angebot, das die unteren Klassen an die oberen machen, eine Bewältigungsstrategie, dank der sogar soziale Aufstiege möglich sind.

7 Vgl. Leonardo Sciascia, »La mafia e la letteratura«, in: *Rendiconti* 8 (1963), S. 115–123.

8 Vgl. Deborah Puccio-Den, »Mafiacraft: How to do things with Silence«, in: *HAU. Journal of Ethnographic Theory*, 9/3 (2019), S. 599–618, hier: S. 600.

9 Vgl. Jane und Peter T. Schneider, *Reversible Destiny: Mafia, Antimafia, and the Struggle for Palermo*, Los Angeles 2003.

10 Vgl. Giuseppe Pitré, *Usi e costumi, credenze e superstizioni del popolo siciliano*, Palermo, S. 292.

11 Vgl. Enzo Ciconte, *Riti Criminali. I codici di affiliazione alla 'Ndrangheta*, Soveria Mannelli 2015, S. 23 f.

12 Vgl. Ciconte, *Riti Criminali*, S. 14. Videoaufnahmen kursieren aber auch kurzzeitig auf Youtube

bzw. gibt es auch Facebook-Gruppen und kurzfristig aktive Websites – z. B. www.ndrangheta.cabanova.com –, die gezielt Desinformationen verbreiten oder aber den Initiationsmythos wachhalten. Die Bedeutung des Internets für Ideologie und »kulturelle Hegemonie« wäre eine vergleichende Untersuchung wert.

13 Alexandre Dumas, *La camorra e altre storie di briganti*, hg. v. Claude Schopp, Rom 2012, S. 52. Übersetzung hier und im Folgenden, sofern nicht anders angegeben, vom Autor.

14 Alexandre Dumas, *La Camorra*, S. 70.

15 »Fatta l'Italia, facciamo gli Italiani«, wird dem Schriftsteller und Politiker Massimo d'Azeglio (1798–1866) zugeschrieben. Vgl. Francesco Bruni, *Italia. Vita e avventura di un'idea*, Bologna 2010, S. 11.

16 Hoher und niederer Klerus sind unterschiedlicher Provenienz. Die einen gehören zur städtischen Elite, die anderen entstammen der Bauernklasse der Provinzen. Aus diesem Grund sah selbst Michail Bakunin, der zwischen 1866 und 1868 einige Zeit in Süditalien und Neapel verbrachte, die Möglichkeit, die einfachen Gemeindepriester könnten sich schon aus Affekt der sozialen Rebellion anschließen. Vgl. Michail Bakunin, »Lettre a mes amis d'Italie«, in: M. Bakunin, *Viaggio in Italia*, Mailand 2013, S. 73 f.

17 Vgl. Cesare Lombroso, *Lettere dalla Calabria* (1862) und *L'uomo delinquente* (1876).

18 Die Website www.nolombroso.org versammelt Stellungnahme sowohl gegen das Turiner Mu-

seum als auch für die Rücküberführung der zahlreichen in Lombrosos Sammlung befindlichen Schädel in ihre Herkunftsgemeinden.

19 Nicht zuletzt wurden sie darin von dem deutschen Sprachwissenschaftler Gerhard Rohlfs bestärkt, der seit den 1930er-Jahren in linguistischer Feldforschung nachwies, dass die kalabresischen Dialekte originär altgriechische und keineswegs erst byzantinische Sprachspuren eingeschmolzen haben, siehe die *Historische Grammatik der unteritalienischen Gräzität*, München 1950. Vgl. auch Norman Douglas' Reisebuch *Old Calabria* aus dem Jahr 1915.

20 Vgl. Michael Herzfeld, *Cultural Intimacy: Social Poetics and the Nation State*, New York 2005. Auf S. 3 definiert er den Ausdruck als »recognition of those aspects of a cultural identity that are considered a source of embarrassment but that nevertheless provide insiders with their assurance of common sociality«.

21 Vgl. auch Berardino Palumbo, *Piegare i santi. L'inchino della Madonna*, Bologna 2019. Von der Amtskirche werden diese »Verbeugungen« als Bezeugungen eines fortdauernden paganen Unterstroms gewertet, der die süditalienische Volksreligiosität durchziehe, ähnlich den Penitenzriten, bei denen Teile des eigenen Körpers verstümmelt werden.

22 So wird zumindest seine an der italienischen Stiefelferse, im Salento, verbreitete rituelle Form interpretiert, vgl. den ethnohistorischen Klassiker Ernesto de Martinos, *La terra del rimorso*,

Mailand 1961. In Kalabrien und Kampanien ist die »tarantella« weniger esoterisch und wird als ausgelassener, wenngleich technisch durchaus anspruchsvoller Tanz folklorisiert.

23 In San Luca kursierte die Erzählung, die wichtigen Familien stammten von dort, »die Gesetze« – die »Codici« etc. – allerdings aus Locri. Es scheint also, als existierte zumindest im Umkreis der 'Ndrangheta eine Legitimierungsstrategie, um vorzuzeigen, dass die Macht nicht identisch ist mit dem Recht. Dadurch wird Gleichrangigkeit gewahrt und zeigt sich die kalabresische Mafia zwar als totales, aber eben nicht als totalitäres soziales System.

24 Kurzzeitig gab es einige journalistische Recherchereisen, die stets bei denselben Zeugen endeten: Giuseppe Strangiò und den stummen Männern der Bar vor der Kirche von San Luca, vgl. Jörg Bremer, »Die Madonna ist auch für Mafiosi da«, in: *FAZ*, 19.08.2011, {https://www.faz.net/aktuell/gesellschaft/san-luca-die-madonna-ist-auch-fuer-mafiosi-da-11111384.html}, letzter Aufruf 20.07.2021.

25 Die Bedeutung der Marienverehrung in Kontexten von Gewalt und klientelistischen Männerbünden ist allgemein anerkannt; Maria steht über den Heiligen, weil sie gelitten hat und menschlich reagiert hat, weil sie Macht erfahren und nicht ausagiert hat. Vgl. zur Mariendevotion in Süditalien: Nancy F. Breuer, »The Cult of the Virgin Mary in Southern Italy and Spain«, in: *Ethos*, 20/1 (1992), S. 66–95.

26 Ciconte, *Riti Criminali*, S. 18.
27 Zu Mafia und Vater-Sohn-Beziehungen vergleiche Giovanni Starace, *Testimoni di violenza*, Rom 2020, S. 20–22.
28 Vgl. Luigi Malafarina, *I codici della Ndrangheta*, Reggio Calabria 1978.
29 Zu 'Ndrangheta und Freimaurerei vgl. auch die klugen Einlassungen von Petra Reski auf ihrem Blog, z. B. {https://www.petrareski.com/2021/01/15/rinascita-scott/}, letzter Aufruf 20.07.2021. Insgesamt scheint es so zu sein, als ob im selben Maß, in dem sich traditionelle Alliierte aus den Reihen der katholischen Kirche abwenden, Ritualität und lebenszyklische Organisation einer minoritär gebliebenen Zivilreligion attraktiv würden. »Ndrangheta und Freimauererei sind eine Sache, wir sind Freimaurer«, äußern sich die von Reski porträtierten Mafiosi: Aufstieg und Aneignung in einem.
30 Vgl. das Motiv der verlorenen Schlüssel, das etwa in Dan Browns Freimaurer-Thriller *Lost Symbol* (2009) aufgegriffen wird. – Der deutsche Ethnologe Michael Oppitz, der lange bei den Magar im Himalaya forschte, hat detailliert dargestellt, dass Legenden von der verlorenen Schrift bei kleinen Völkern an den Rändern der großen, schriftbasierten Imperien zirkulieren, als Erzählungen ihrer prinzipiellen Ebenbürtigkeit und ihres Widerstandsgeistes (vgl. Michael Oppitz, *Die verlorene Schrift. Abschiedsvortrag, gehalten am 20. Dezember 2007 im Völkerkundemuseum Zürich*, Zürich 2008).

31 Laut John Dickie musste man sich auf seine Aufnahme im Jahr 1954 vorbereiten, »like the catechism children have to memorise before Confirmation and First Communion«, vgl. John Dickie, *Mafia Brotherhoods: Camorra, Mafia, Ndrangheta. The Rise of the Honoured Societies*, London 2011, hier: S. 14.

32 Ciconte, *Riti Criminali*, S. 96.

33 Vgl. das im Zuge der »Operazione Insubria« verdeckt gefilmte Aufnahmeritual, bei dem den Neumitgliedern gesagt wird, die letzte Kugel in der Pistole sei für sie selbst. »Ihr entscheidet selbst, wenn es so weit ist. Nicht die anderen. Ihr müsst das selbst entscheiden. Ihr könnt auch Gift nehmen.« {https://www.ilmessaggero.it/video/primopiano/ndrangheta_filmato_rituale_di_affiliazione_se_sbagli_o_ti_bevi_il_cianuro_o_ti_spari-153839.html}, letzter Aufruf 27.08.2021.

34 Der mitunter geäußerte Verdacht, das Aussprechen des Namens sei gefährlich, muss allerdings zugunsten der Gewöhnung an die vor allem in oral organisierten Gesellschaften anzutreffende Meinung, der Name rufe das Bezeichnete herbei, zurückgewiesen werden. In Süditalien wird auch der Krebs als »brutto male« synonymisiert, das Gleiche gilt für Mafia und 'Ndrangheta.

35 Vgl. Ciconte, *Riti Criminali*, S. 32.

36 In der Geschichte der 'Ndrangheta hat der Klerus stets eine große Rolle gespielt. Dabei stechen tatkräftige und talentierte Priester hervor, die einerseits aus Kalabrien stammen, oft in Seminaren in Neapel oder Rom studiert haben, die höheren

Würdenträger sowie die Politiker gut kennen. Sie übernehmen die Rolle von Mediatoren zwischen dem »popolo« und denen, die investieren oder herrschen wollen – für die einen unverzichtbar, für die anderen »einer von uns«. Corrado Stajano hat in seiner Studie *Africo* (1979) über das gleichnamige karge Bergdorf, dessen Bewohner ins Tiefland umgesiedelt wurden, wo sie nicht mehr Hirten, sondern Landarbeiter sein sollten, die Rolle des Pfarrers Don Stilo herausgearbeitet, von dem es im Aspromonte noch heute heißt, er sei der mächtigste Ndranghetista seiner Zeit gewesen und habe sogar aus New Yorks Unterwelt Respektsbekundungen erhalten.

37 Vgl. Judith Matloff, *The War is in the Mountains: Violence in the World's High Places*, London 2017.

38 Machtbeziehungen in segmentären Gesellschaften stehen seit den 1950er-Jahren im Fokus der Mittelmeerethnologie (u. a. Ernest Gellner, *Saints of the Atlas*, Chicago 1969, oder rezenter Naor Ben-Yehoyadas Ethnografien zwischen Sizilien und Tunesien). Eine Auseinandersetzung darüber, wie sich die Mafia in diesen Kategorien bewegt, Widersprüche ausgleicht oder auch hervorbringt, steht auch von Seiten der Soziologie der Mafia (etwa bei Letizia Bindi und Marco Santoro) noch aus.

39 Ettore Castagna schrieb erst in *World Music* 65 (2003) über die »Musica della mafia«, dann in: ders., *Sangue e onore in digitale. Rappresentazione e autorappresentazione della 'Ndrangheta*, Soveria Mannelli 2010, hier: S. 136.

40 Vgl. Goffredo Plastino, *Cosa Nostra Social Club. Mafia, Malavita e musica in Italia*, Mailand 2014, S. 80.

41 Mündliche Mitteilung von Antonella Bellocchio vom Osservatorio sulla ndrangheta am 02.11.2018.

42 Vgl. beispielsweise die Argumentation der Dokufiktion *La trattativa* von Sabina Guzzanti.

43 Vgl. Salvatore Lupo, *La storia della Mafia*, Rom 1993; ebenso Salvatore Lupo, Gaetano Savatteri, *Potere criminale. Intervista sulla storia della Mafia*, Rom, Bari 2010.

44 Für eine Ableitung der Mafia aus dem Mangelgut Vertrauen, unter Einbezug der Rational-Choice-Theorie, vgl. Diego Gambetta, *The Sicilian Mafia. The Business of Private Protection*, Cambridge MA 1993.

45 »Un nobile può togliere al suo vassallo, solo perchè è un vassallo, le bestie, le armi, il cavallo, e il suo diritto glielo acconsente; questo stesso diritto manda sulla forca quel vassallo, se ardisce a rubare una bica di frumento o un agnellino del padrone. ... La giustizia dello Stato; è la giustizia secondo le leggi scritte a beneficio dei più forti ... […] La nostra non è scritta in nessuna costituzione regia, ma è scolpita nei nostri cuori; noi la osserviamo e costringiamo gli altri ad osservarla. […] Chi riconosce la nostra autorità? Nessuno. Chi riconosce in noi il diritto di esercitare giustizia. Nessuno. Ebbene noi dobbiamo imporre questa autorità e questo diritto e non abbiamo che un'arma: il terrore, e un mezzo per servir-

cene: il mistero, l'ombra.« Luigi Natoli, *I Beati Paoli*, Palermo 2017, S. 53.
46 Umberto Eco, Vorwort zu: *I Beati Paoli*, S. 19.
47 Vgl. Gabriello Montemagno, *L'uomo che inventò i Beati Paoli*, Palermo 2017.
48 Lupo, Savatteri, *Potere criminale*, S. 64.
49 Zu Giuseppe Pitrè vgl. Nancy Triolo, »Mediterranean Exotica and the Mafia ›Other‹ or Problems of Representation in Pitrè's texts«, in: *Cultural Anthropology* 8/3 (1993), S. 306–316, hier: S. 312 f.
50 Als deutscher Hauslehrer bekam ich erstmals eine Lektion von einem sizilianischen Familienvater in der römischen Diaspora erteilt. Gefragt nach dem Unterschied zwischen Sizilianern und »normalen« Italienern antwortete der inzwischen erfolgreiche Anwalt: »Die Italiener sind gute Bürger, die Sizilianer sind gute Menschen.« Diese Differenzierung mag zum Diasporakomplex gehören, zum Gefühl einer moralischen Überlegenheit: Die anderen folgen nur den Regeln und kehren, sobald diese außer Kraft gesetzt sind, zu Betrug und nackter Gewalt zurück. Sie legt ebenso nahe, dass Geschlechtertrennung, Reziprozität in den Beziehungen – »diese Leute wissen nicht, was Geben und Nehmen ist«, lautet eine häufig gehörte Anklage –, die Sorge um das Eigene oder schlicht: die Kultivierung der eigenen Unsicherheit als positiv und maßgebend erfahren worden sind, während man sich mit den als Moden geringgeschätzten bürgerlichen Werten nur pro forma identifiziert.

51 Diese fast idealtypischen Situationen der Herstellung von Communitas hat bekanntlich Victor Turner als einer der Ersten schematisiert, nachzulesen in *The Ritual Process. Structure and Anti-Structure* (1969). Man sollte festhalten, dass es auch hier stets um eine Bühnensituation geht: gegeben wird das Stück »gutes Leben«. An den Herrschaftsverhältnissen ändert sich wenig, sie werden dadurch eher befestigt.

52 Roberto Saviano, *Zero Zero Zero*, Mailand 2013, S. 196 f.

53 »Der reinste Ausdruck der Kultur ist ein ägyptisches Grab, wo alles vergeblich herumsteht, Geräte, Schmuck, Nahrung, Bilder, Skulptur, Gebete, und der Tote ist doch nicht am Leben.« Elias Canetti, *Aufzeichnungen 1942–1985*, München 1993, S. 38.

54 Einer der wichtigsten Zeugen für den Maxiprozess von 1994 war Tommaso Buscetta (1928–2000), der indes Wert darauf legte, kein »pentito« zu sein, sondern das Wesen der ursprünglichen Mafia gegen deren Usurpatoren zu verteidigen. Die Aussagen Buscettas füllen mehrere Ordner; sie stehen im Gericht in Palermo sowie, in einer sorgfältig angefertigten Kopie, im Antimafiamuseum von Corleone.

55 Vgl. Salvo Riina, *Riina Family Life*, Villorba 2016, S. 188. Für den Verlag war die Publikation des Buches ein Pyrrhussieg: Zwar verkauften sich 2000 Exemplare innerhalb kurzer Zeit, doch remittierten Buchhandlungen nach Protest fast sämtliche Titel. 2017 musste das Unternehmen

Konkurs anmelden (Mitteilung der *Tribuna di Treviso*, 31.03.2017).

56 Zur anthropologischen Bedeutung der sizilianischen Landschaft vgl. Matteo Meschiari, *Sistemi selvaggi. Antropologia del paesaggio*, Palermo 2008.

57 Vgl. Beatrices Auftritt in Dantes *Vita nova* (1295) und den von Laura in Petrarcas *Canzoniere* (1374). Ähnliche Sakralisierungen der ersten Begegnung finden sich bis in die Prosaliteratur des 20. Jahrhunderts, etwa die zwischen Ich-Erzähler und Micol zaghaft ausgetauschten Blicke in der Synagoge in Giorgio Bassanis *Il giardino dei Finzi-Contini* (1962).

58 Leonardo Sciascia, *Occhio di capra*, in: ders., *Opere 3 (1984–1989)*, Mailand, S. 70 (Übers. d. A.).

59 In *Morte dell'Inquisitore* (»Tod des Inquisitors« 1964) beispielsweise geht es um einen der Häresie angeklagten Mönch, der sich nach vielen Jahren gegen die Zumutungen dessen zur Wehr setzt, der ihn in Gottes und der Kirche Namen befragt. Auf dem Scheiterhaufen angelangt, konstatiert er: »Dunque Dio è ingiusto« – Gott ist also ungerecht. Auch wenn seine Rede von den »Vizekönigen« verdreht wurde, hatte er immer noch auf die Gerechtigkeit des absoluten Souveräns gehofft, der die wahre Herzensrede anerkennen müsste. Dass Gott ungerecht oder ohnmächtig sei, ist ein wiederkehrendes Motiv auch in Sciascias Kriminalerzählungen (z. B. *Todo modo*, 1974).

60 In einem früheren Essay – »Sicilia e sicilitudine« in *La corda pazza* (1969) – schreibt Sciascia, über die sizilianische Kultur seien zwei Thesen im Umlauf: Entweder werde sie als aufgrund ihrer Insellage abgeschnitten von Europa, als »Form einer Eingeborenenkultur« vorgestellt wie von Giovanni Gentile, oder aber, gerade weil sie ein eigenständiges Zentrum im Mittelmeer darstelle, als offen und von weitreichenden Kommunikationsströmen durchzogen. Sciascias Werk ist dann der Versuch, beide Thesen, so entgegengesetzt sie auf den ersten Blick erscheinen mögen, zu verbinden: Sizilien ist als Allgemeines lesbar, gerade wenn es so regional wie möglich dargestellt wird.

61 Leonardo Sciascia, *Opere (1956–1971)*, Mailand 2004, S. 461. »E ciò discendeva dal fatto, pensava il capitano, che la famiglia è l'unico istituto veramente vivo nella coscienza del siciliano: ma vivo come drammatico nodo contrattuale, giuridico, che come aggregato naturale e sentimentale. [...] Dentro quell'istituto che è la famiglia, il siciliano valica il confine della propria naturale e tragica solitudine e si adatta, in una sofistica contrattualità di rapporti, alla convivenza.«

62 Sciascia, *Opere (1956–1971)*, S. 483. »Denn in Italien, wie man weiß, darf man weder mit den Heiligen noch den Infanteristen scherzen: Und erst recht nicht darf man, anstatt zu scherzen, Ernst machen wollen.«

63 Ebd., S. 397.

64 Leonardo Sciascia, »I professionisti dell'anti-mafia«, in: *Corriere della Sera*, 10.01.1987, auch on-

line {https://www.archivioantimafia.org/sciascia.php}, letzter Aufruf 12.08.2021.

65 Eine unwidersprochene Kategorisierung: »›Io‹ proseguì poi Don Mariano, ›ho una certa pratica del mondo; e quella che diciamo l'umanità, e ci riempiamo la bocca a dire umanità, bella parola piena di vento, la divido in cinque categorie: gli uomini, i mezz'uomini, gli ominicchi, i (con rispetto parlando) pigliainculo e i quaquaraquà …«, Sciascia, *Opere (1956–1971)*, S. 466.

66 »La coca la sta usando chi è seduto accanto a te ora in treno e l'ha presa per svegliarsi stamattina o l'autista al volante dell'autobus che ti porta a casa, perché vuole fare gli staordinari senza sentire i crampi alla cervicale. […] Oppure, semplicemente, la persona che ne fa uso sei tu.« Roberto Saviano, *ZeroZeroZero*, Mailand 2013, S. 9 und 12.

67 Dazu ist Neapel eine Stadt, in der Menschen intensiv auf und von ihren Toten leben. Der beschränkte Platz führte auch unterirdisch zu vermehrter Schichtung, die wiederum durch Praktiken wie den Kult der »anime pezzentelle« in Ressourcen umgearbeitet werden. Neapels Boden ist Humus, wie ihn Robert Pogue Harrison ausgehend von einer Idee des neapolitanischen Philosophen Giambattista Vico in seinem Buch *The Dominion of the Dead* (2003) ausgeführt hat. Vgl. auch Ulrich van Loyen, *Neapels Unterwelt. Über die Möglichkeit einer Stadt*, Berlin 2018.

68 Möglich auch, dass Croce – kein Neapolitaner von Geburt – Neapel deshalb so wertschätzte,

weil er hier die Kunst einer Geschichtsschreibung und damit einer Hermeneutik entwickeln und vorführen konnte, die schulbildend wurde. Vgl. besonders die *Storie e leggende napoletane* von 1919 und darin – Welt *in a nutshell* – den Eingangstext über »Un angolo di Napoli« von 1912.

69 Der Gebrauch der Spitznamen, der allerdings nicht auf das kriminelle Umfeld eingeschränkt ist, würde eine eigene Untersuchung rechtfertigen. Der Spitzname, oft auch der »nome napoletano«, nimmt eine Person aus ihrer genealogischen Verortung heraus, aus ihrer Phratrie und ihrem Clan, und kategorisiert sie nach einem Charakterzug, einer Fähigkeit, einem äußeren Merkmal, einem bedeutenden Lebensereignis. Er stellt sie damit auf die Bühne, in eine »commedia«, macht sie öffentlich und gibt sie preis. Aber diese Preisgabe ist zugleich ein Verstecken, d. h. sie lässt die Person in eine *beschränkte Öffentlichkeit* eintreten, in der sie dann *spielen muss*.

70 Das gilt selbst für die jüngere Generation in den klassischen Stadtvierteln. In der Sanità begegneten mir zahlreiche im »System« tätige junge Männer, die die Protagonisten der Romane und Theaterstücke ausnehmend gut kannten und auf sie referierten, wenn sie von ihrem eigenen Werdegang erzählten oder eine reale Person anschaulich charakterisieren wollten.

71 Vgl. Ulrich van Loyen, *Neapels Unterwelt. Über die Möglichkeit einer Stadt*, Berlin 2018, S. 407.

72 Die Ableitungen sind Legion. Andere Etymo-

logien (vgl. Isaia Sales, Marcello Ravveduto, *Le strade della Camorra. Malviventi e bande di Camorra a Napoli*, Neapel 2006, S. 12–14) nennen einen bestimmten nordafrikanischen Dolch, verweisen auf eine Spielhölle an der heutigen Piazza del Plebiscito, »camorra avanti palazzo«. In jedem Fall bezeichnet der Ausdruck ein Phänomen des organisierten Verbrechens bereits vor der italienischen Vereinigung von 1860. Die Unsicherheit über die Herkunft und die mannigfaltige ursprüngliche Bedeutung lassen aber zugleich den Schluss auf ein disparates, in sich wenig einheitliches Phänomen der städtischen Kriminalität zu, das zunächst einmal als einheitlich konstruiert werden muss.

73 Francesco Russo, Ernesto Serao, *La Camorra. Origini, usi, costumi e riti dell' »annorata soggietà«*, Neapel 1970 [Orig. 1907], S. 27.

74 Die Repubblica Napoletana war ein im Gefolge der napoleonischen »Befreiung« Süditaliens ausgerufener kurzlebiger Staat (Ende Januar bis Juni 1799), dem der Rückzug der Franzosen, Lord Nelsons Flotte im Mittelmeer und schließlich der mangelnde Rückhalt in der Bevölkerung zum Verhängnis wurden. Aufhebung der Feudalrechte, Laizismus und Selbstbestimmung waren nur einige der auf ihren Versammlungen propagierten Schlagwörter. In besonderer Erinnerung aber ist die Republik aufgrund der erbarmungslosen Reaktion der zurückgekehrten Bourbonen, denen ein Großteil der städtischen Elite zum Opfer fiel (vgl. Benedetto Croce,

La rivoluzione napoletana del 1799. Biografie, racconti e ricerche, Bari 1912 u. 1961).

75 Russo, Serao, *La Camorra*, S. 40, in grober Übersetzung in etwa: »Der Strolch // 1 / Habt Ihr Euch jemals im Gefängnis vorgefunden / mit mehr als einem Dutzend Halbwüchsigen drumrum / Die, sobald Ihr Euch vorgestellt habt / Einen Heidenlärm veranstalten zu Eurem Entsetzen? // ›Strolch, für welche Art von Verbrechen sitzt Du ein? / Wer bist Du? Was hast Du gemacht?‹ Und es vergeht der erste Tag. / Nachts überwacht ein Auge ein anderes, / Und wird es Tag, geht es von vorne los. // Am Tag kommt der ›Picciotto‹: / ›Öl für die Lampe, das kostet so viel! Und das Mittagessen, / Der Tabak, s'ist Geld … Brauchst Du's?‹ // Wenn Du ablehnst, gibt es scheele Blicke / Und wenn es dunkel wird, und der Wächter schläft, / Bist Du allein … und es gibt Schläge ohne Ende.«
76 Ebd., S. 119 f.
77 Ebd.
78 Thomas Belmonte, *The Broken Fountain*, New York 2005. Die Aussage ist durch Maurizio Braucci überliefert.
79 Isaia Sales, Marcello Ravveduto, *Le strade della violenza*, Neapel 2006, S. 15 f.
80 Gespräch mit Luigi de Magistris, 10.12.2013.
81 Vgl. die romanisierte, aber von Cutolo-Anhängern bis heute durchaus als Quellensammlung verwendete Biografie von Giuseppe Marrazzo, *Il Camorrista. Vita segreta di Don Rafele Cutolo*, Neapel 1984.

82 Vgl. hierfür und nachfolgend Marcello Ravveduto, »›Voi siete la schifezza di Napoli‹. La nascita del movimento anticamorra in Campania«, in: *Laboratoire Italien* 22/2019: »*Sans recourir à la violence*«: *La société italienne face aux terrorismes et aux mafias (1969–1992)*, {https://journals.openedition.org/laboratoireitalien/2929}, letzter Aufruf 21.07.2021.

83 Masaniello, eigentlich Tommaso Aniello d'Amalfi (1620–1647), war Fischhändler und führte eine Revolte an, bis er von den eigenen Leuten an die spanischen Kolonialherren verraten und anschließend getötet wurde. Seine Leichenteile verstreute man in der Stadt, um zu verhindern, dass von seinem Leichnam und dessen möglicher Bestattung erneut Unruhen ausbrechen würden. Bis heute ist Masaniello in Neapel der Inbegriff des kollektiven schlechten Gewissens.

84 Luca Rossi, *Camorra: un mese a Ottaviano, il paese in cui la vita di un uomo non vale nulla*, Mailand 1983, S. 33.

85 Vgl. Ravveduto, »›Voi siete la schifezza di Napoli‹«, der auch auf die Ähnlichkeit und zeitliche Korrespondenz von Raffaele Cutolo und Pablo Escobar hinweist.

86 Angeblich erhielt Cutolo die Beinamen »Il Vangelo« (das Evangelium), »Il Messia« (der Messias) und »Lo Spirito Santo« (der Heilige Geist). Solche Sakralisierungen sind im Mafiamilieu nicht selten. Sie bezeugen einerseits die Verpflichtung auf ein nicht weltliches Gesetz, die Souveränität der Befehle, andererseits sind sie

dazu angetan, schnell als Spottnamen und Symbole der Hybris verwendet zu werden. In jedem Fall hält sich, wer sie im Mund führt, schadlos. Er kann eine Semantik verwenden, die auch den anderen, den Assoziierten – Cutolo nennt sie »cumparielli« – ›heiligt‹. Daneben sollte bedacht werden, dass es zugleich um Nähe und Abgrenzung gegenüber kursierenden (halb-)offiziellen religiösen Phänomenen geht, etwa den zur Zeit Cutolos in Süditalien äußerst populären Kapuzinermönch Padre Pio, der als »alter Cristo« verehrt wurde (vgl. Sergio Luzzatti, *Padre Pio. Miracoli e politica nell'Italia del Novecento*, Turin 2007).

87 Vgl. Sales, Ravveduto, *Le strade di violenza*, S. 169.

88 Vgl. Isaia Sales, *La camorra, le camorre*, Rom 1988. Darin bemüht sich der Autor nachzuweisen, Cutolo habe absichtsvoll Plagiate verfasst, um an kursierende Camorra-Mythologeme anzuschließen und die städtische Jugend zu verführen.

89 Da Cutolo der politischste unter den schreibenden Mafiabossen war und er die Zirkulation seiner Schriften zur Machterhaltung nutzte, hätte er gut in jene Reihe gepasst, denen sich ein von Albrecht Koschorke und Konstanin Kaminskij herausgegebener Band widmet: *Despoten dichten. Sprachkunst und Gewalt*, Konstanz 2011, widmet sich zwar eher den Höhenkämmen (Mao, Mussolini, Stalin), allerdings zeigen die letzten Balkankriege, dass auch in außerstaat-

lichen Verbänden –und vielleicht gerade dort, wie im Falle des Arztes und Lyrikers Radovan Karadžić – der schreibende Anführer nicht nur die eigene Auserwähltheit, sondern die seiner Gruppe performativ hervorbringen kann. Poesie kann eine Übungszone für politische Allmachtsfantasien sein, die ihrer praktischen Realisierung noch harren (etwa bei Saddam Hussein und Gaddafi); sie kann aber auch das angeblich zerrissene Band einer Tradition neu befestigen, politisch legitimieren und die Humanität des Potentaten beweisen.

90 Für Informationen zu Cutolo danke ich besonders seinem jüngsten Verleger, Gianluca Esposito. Ein Gespräch mit Cutolo selbst war aufgrund gerichtlicher Anordnung nicht möglich. Die Gedichtsammlung war im Herbst/Winter 2020/21 nicht auslieferbar und in Bibliotheken nicht vorrätig.

91 Raffaele Cutolo, *Poesie del carcere*, S. 34. »Weißes Pulver / Weißes Pulver / Ich hasse Dich! / Süß bist Du und bitter / wie eine Frau / bist Du rein und dunkel. / Jugend, hasst es / das weiße Pulver / hasst es! Zum Fliegen bringt es Euch, / um Euch danach / abstürzen zu lassen in die düsterste Dunkelheit. / Fliegt durch die Luft / Form einer Seele / die in Stücke gerissen ist. / Man berührt den Grund / und die Stücke werden dunkle Abgründe … / Und dann, auf einmal / lassen die Schmerzen nach / Und der Himmel ist die Explosion eines Lichtes / Und nichts mehr. / Übermorgen gibt es / eine kleine Notiz in der

Zeitung / Wieder einmal ein Junge den Drogentod gestorben. / Weißes Pulver / ich hasse Dich.«

92 »Ich verbrenne groß im Feuer meiner Nächte, meiner Tage. / Einer ungekannten Liebe hingegeben; Jubel, Klage / auf den Lippen! Todverbunden. Trunken einer letzten Lust«, heißt es bei Walter Rheiner (1895–1925), der sich 1914 vor der Rekrutierung zum Militär in die Kokainsucht rettete und sich zehn Jahre später den goldenen Schuss setzte.

93 Cutolo hat im Prozess in Anspruch genommen, nur die »Drogen der Reichen zu verkaufen, um sie zu bestrafen«. Das gelte besonders für das Kokain. Gigi D'Alessio, ein zum nationalen Popstar aufgestiegener lokaler Neomelodico, hat nach den Versen Cutolos gesungen.

94 Cutolos Vielgesichtigkeit, ja Janusköpfigkeit weist deutliche Resonanz mit dem Verhalten des italienischen Staates am Ende des Kalten Krieges auf. Auf die wohl von Cutolo angeordnete Ermordung des Vizedirektors des Gefängnisses von Poggioreale, der es ihm gegenüber an Respekt habe mangeln lassen, folgt innerhalb weniger Tage sein Engagement für die »Befreiung« des kampanischen Politikers Ciro Cirillo aus den Händen der linksradikalen Brigate Rosse, auf das Ende seiner kommoden Residenz im Gefängnis folgt dort die Einrichtung einer Zelle für verschärfte Befragungen, vulgo Folter (vgl. Isaia Sales, »Carceri. L'esempio di Giuseppe Salvia«, in: *Repubblica*. Edizione Napoli, 07.07.2021). Der Staat scheint also in Cutolo zunächst eine

Seite seiner selbst entdeckt zu haben, ja vielleicht wünschten sich die klientelistischen Macher, so zu sein wie er, nur um sich dann an ihrer Enttäuschung zu rächen. Cutolo hat den italienischen Staat verführt – aber dieser Staat suchte eben nach Verführern.

95 Vgl. Giuseppe Marrazzo, Fernsehinterview mit Rafaele Cutolo, in: *Telegiornale 7*, Oktober 1980.
96 Rafaele Cutolo, *Poesie dal carcere*, Neapel 2018, S. 52. »Hochsicherheitsgefängnis / Weiße Spitzen. / Unwirklich und fern schauen sie / von einem sterndurchlöcherten Himmel. / Ein Zementquadrat / unbeweglich / Im dunklen Grün der Landschaft. / Bleich der Mond / Im Gespensterlicht seiner Reflektoren. / Männer bewaffnet und still / laufen über die Gehterrassen / Der Festungsmauer. / Glühwürmchen aus Zigaretten / zeichnen rötliche Arabesken / In die dunkle Nacht. / Offene Fenster, / Leer wie Schädelhöhlen / beobachten die leeren Gehöfte. / Hundert graue Schachteln umschließen / das Leben von auf ihren Pritschen ausgestreckten Männern / Mit ihren Herzen, in denen / das Blut nicht mehr schlägt.«
97 Rafaele Cutolo, *Poesie dal carcere*, ebd.
98 Francesco de Rosa, *Un altra vita. La verità di Raffaele Cutolo,* Mailand 2001, S. 70: »Ich sah vier Reiter mit Schild und Speer mir entgegenkommen, mit schwarzen Mänteln über ihren Schultern. Sie sahen mich an und lächelten. Sieh, ich bin die Wiedergeburt der glorreichsten Seiten der neapolitanischen Geschichte. Ich bin der

wahre Richter, der von den Wucherern nimmt und den Armen gibt.«

99 Laut Interview mit Simone de Meo, vgl. {http://simonedimeo.blogspot.com/2011/09/intervista-luigi-giuliano.html}, letzter Aufruf 21.07.2021.

100 Luigi Giuliano, *Ciliege del dolore*, Neapel 1993, S. 7.

101 Bruno di Stefano, der umtriebigste Chronist und Biograf der neapolitanischen Camorra, zeichnet in seinem dem »re di Forcella« gewidmeten Kapitel das Bild eines Mannes, der seine Konversion als Künstler und Christ vorspielt, um die Fäden der Macht umso stärker in der Hand zu halten. Bezeichnend ist auch, dass man in seinem Umfeld darauf hinwies, er arbeite nicht mit der Justiz zusammen, sondern sei lediglich ausgestiegen, um sich als Mensch zu vervollkommnen. Vgl. Di Stefano, *I boss della Camorra,* Rom 2007, S. 126–132.

102 Nunzio Giulianos Sohn war an einer Überdosis Heroin gestorben. Sein Vater sagte sich daraufhin von seiner Familie los und widerlegte in zahlreichen Artikeln die von seinem Bruder verbreitete Mär, die Nuova Famiglia habe die Drogen aus ihren Vierteln herauszuhalten versucht. Im Vorwort der gesammelten Schriften (*Diario di una coscienza*, Neapel 2006) weist der nicht nur in Neapel populäre Philosoph Aldo Masullo darauf hin, Nunzio habe die »decisione del sé« gewählt, die Verweigerung dessen, was er war: »la *coscienza*, che pur *si è*, si ribella all'*essere* di cui è lo specchio« – das Gewissen,

das doch es selbst ist, rebelliert gegenüber dem Sein, dessen Spiegel es ist (S. 8). Er habe sich radikal selbst gewählt – »vengo dal regno dei morti«: Ich komme aus dem Reich der Toten. »Di esercitare la violenza avevo la capacità e la possibilità. Ho preferito fare altre scelte.« (S. 12) Diese Entscheidung gegen Gewalt sei ihm umso höher anzurechnen, als dass ihm die Welt »der Guten« von diesen selbst aufgrund seiner Herkunft versagt worden sei. Für Masullo ist Nunzio Giuliano einer der wenigen Selfmademen Neapels im Wortsinn.

103 Vgl. di Stefano, *I boss della Camorra*, 128 f.
104 Vgl. Simone de Meo, Interview mit Luigi Giuliano, in: *Il Giornale*, 17.07.2011.
105 Zur Geschichte und Eigenart der »musica neomelodica« vgl. Federico Vacalebre, *Dentro il vulcano. Racconti neomelodici*, Neapel 1999. Der italienische Parlamentspräsident Roberto Fico schrieb seine Diplomarbeit über die Neomelodici seiner Heimatstadt; die Arbeit soll aber keine relevant neuen Kenntnisse befördert haben, heißt es.
106 Giuseppe Misso, *I leoni di marmo*, Mailand 2021, S. 11. Dass es sich um eine Autobiografie handelt, die als lebensgestalterische Leistung im Gefängnis erfolgte, geht auch aus der anfänglichen Danksagung hervor. Der Einfluss des Buches mit seinen spannungsreichen Dialogen und epischen Raffungen auf die Literatur über die Mafia ist ebenfalls nicht zu unterschätzen – gerade das Motiv der Abreise des sich aus seinen

Bandenverstrickungen, Missverständnissen mit Kameraden und Familienangehörigen befreienden Protagonisten am Schluss findet sich häufig. »Bisognava andare via … A forte velocità … / Verso un probabile giorno dopo.« An diesem Moment holt die Erzählung den Schreibmoment der Autobiografie ein. Beide bewegen sich nunmehr gemeinsam dem »möglichen Morgen« zu, an dem sie die Erinnerung an die Fänge der Mafia hinter sich gelassen haben werden.

107 Interview im *Fatto Quotidiano*, 11.02.2016.
108 Die Verhafteten bekleideten mitunter recht hohe Chargen in ihrer Organisation, beispielsweise Carlo Cuccia, der einen Drogenring von Barcelona über Neapel bis nach Malta mitverantwortete und in der Serie in diversen Rollen zu sehen ist. Vgl. {https://www.fanpage.it/napoli/attore-nella-serie-gomorra-era-un-vero-narcotrafficante-arrestato-carlo-cuccia/}, letzter Aufruf 22.02.2021.
109 Dennoch gibt es mit Marco D'Amore (in der Rolle des »Unsterblichen«) und Salvatore Esposito (als Sohn des Bosses Ciro Gaetano) zwei Darsteller, die von der jugendlichen Bevölkerung geradezu geliebt werden – vermutlich wegen des gesamten Tableaus an Affekten, die ihre Charaktere erleben.
110 Vgl. Ursula Scheer, »Sie halten sich für Götter. Die TV-Serie ›Gomorrha‹«, in: *Frankfurter Allgemeine Zeitung*, 09.10.2014.
111 Vgl. van Loyen, *Neapels Unterwelt*, S. 387. Für einen internationalen Überblick Simon Cole-

man, Rosalind I. J. Hackett (Hg.), *The Anthropology of Global Pentecostalism and Evangelicalism*, New York 2015.

112 Der Goethe-Freund Johann Heinrich Jung Stilling (1740–1817) kam aus dem pietistischen Siegerland, wo er zwischen Orten namens Wissen, Grund und Sinn umherzuspazieren beliebte. Zur Bedeutung seiner *Lebensgeschichte von ihm selbst erzählt* für das Genre des Bildungsromans vgl. u. a. Rolf Selbmann, *Der deutsche Bildungsroman*, Stuttgart, Weimar 1994, S. 44 f., sowie Jennifer A. Herdt, *Forming Humanity: Redeeming the German Bildung Tradition*, Chicago 2019, S. 147 f.

113 Vgl. zu neapolitanischen Ritualen: Stefano de Matteis, *Napoli in scena. Antropologia della città del teatro*, Rom 2012, ders., *Mezzogiorno e fede*, Neapel 2015, sowie van Loyen, *Neapels Unterwelt. Über die Möglichkeit einer Stadt*.

114 Vgl. Maria Pace Ottieri, *Il Vesuvio universale*, Turin 2018, S. 93.

115 Sie reicht bis in die Mitte des 15. Jahrhunderts zurück und ist dokumentiert in einer der größten Votiv- und Devotaliensammlungen Italiens, im Dominikanerkloster der Madonna del'Arco am Wallfahrtsort Sant'Anastasia.

116 Der Begriff der »kulturellen Reserve« geht auf den deutschen Ethnologen Thomas Hauschild zurück. Hier bezeichnet er ein kollektives Gedächtnis, das durch Praktiken und Rituale reaktiviert wird (und selbst Praktiken hervorbringt), damit sich sein Träger seiner selbst und seiner eigenen »Präsenz« vergewissern kann.

117 Vgl. das Colloquium »Mafiacraft« in: *Hau. Journal of Ethnographic Theory* 9/3 (2019), sowie Jason Pine, »›The Mafia‹ as Transformational Object«, in: *Voci* 16 (2019), S. 131–140.

118 Für eine strukturale Anthropologie der in den Bergen ansässigen Gesellschaften ohne Staat vgl. James C. Scott, *The Art of Not Being Governed*, New Haven 2009.

119 Vgl. Giovanni Starace, *Vite violenti* (2014), *Testimoni di violenza* (2020), beide Rom: Donzelli.

120 Jason Pine, *The Art of Making Do in Naples*, Bloomington 2012.

Erste Auflage Berlin 2021
Copyright der deutschen Ausgabe © 2021
MSB Matthes & Seitz Berlin
Verlagsgesellschaft mbH
Göhrener Str. 7, 10437 Berlin
info@matthes-seitz-berlin.de
Alle Rechte vorbehalten.
Satz: Monika Grucza-Nápoles, Berlin
Druck und Bindung: Art-Druk, Szczecin
Umschlaggestaltung nach einer Idee
von Pierre Faucheux
ISBN 978-3-7518-0518-6